W0383316

»Das Beste ist das Wasser«

Der griechische Lyriker Pindar
(522–446 v. Chr.)

Callwey

Ulrich Timm

DIE NEUEN TEICHE, BÄCHE, POOLS

Vom Wasser im Garten

Unter Mitarbeit von Hannelore Timm

Callwey

Zum Titel:
Der Schwimmteich bietet eine erfrischende Kombination: viel Wasser – fast wie in einem See – und die Möglichkeit, darin baden zu können (Biotop Landschaftsgestaltung).

Zu Seite 1:
Liegender Junge, eine Plastik von Anton Beijsens im Garten von Corrie und Joop Poley: Wasser im Garten verleitet zu süßem Nichtstun.

Zu Seite 2:
Wasser im Garten hat viele Facetten. Ist Wasser im Garten kalt und geheimnisvoll? Nicht unbedingt, wie der Swimmingpool im sonnendurchglühten Perth/Australien beweist. Hier ist das Wasser klar und eine pure Erfrischung in der Hitze. Es ist das Spiegelbild des Himmels und vielleicht auch der Lebensart der Gartenbesitzer.

Rechts:
Ein wohltuender Kontrast: Im Wasserbecken, das von einer verwinkelten Mauer in warmen Farben gefaßt ist, wird der gespaltene, kaum bearbeitete Granitquader zum Quellstein (Chandler).

Inhalt

Unten:
Ein Edelstein unter den Gärten der Toskana: Gamberaia in Settignano bei Florenz. Jeanne Ghyka, Prinzessin von Serbien, kaufte vor einhundert Jahren die Villa und verwandelte den Gemüsegarten auf dem Parterre in die lebhaft spiegelnden Wasserbecken, wie man sie heute noch anschauen kann.

Rechts:
Eine Brunnenschale, wie sie hier in dem blauen Majorelle-Garten in Marrakesch über dem großen Teich ruht, ist der Mittelpunkt vieler Gärten in der arabischen Welt.

Faszination Wasser

Aus der Geschichte von Teichen und Bächen

Wer versucht, aus dem Gedächtnis einen Garten, den er einmal gesehen hat, zu rekonstruieren, wird erstaunt feststellen, daß er sich vor allem an das Wasser in jenem Garten erinnert: Seien es die Fülle der Seerosen, die beeindruckte, das Plätschern eines Bachlaufes oder die Ruhe eines Fischteiches.

Wasser tut jedem Garten gut. Es läßt die Pflanzen grünen und blühen und füllt den Teich, den Bach oder den Pool. Wasser läßt niemanden unberührt. Es kann gewaltig sein oder besänftigend wirken. Es zaubert Lichtstimmungen von erfrischendem Reiz, spiegelt die vorbeiziehenden Wolkenfelder wider oder den romantischen Mond. Wasser kann heiter sein und im nächsten Moment unergründlich und sogar beängstigend. Keinesfalls aber ist es langweilig. Und davon kann sich jeder überzeugen: Wenn man einen Garten betritt, ziehen ein plätscherndes Wasserspiel, ein Bach, ein Pool oder ein Teichbiotop jeden Betrachter wie von unsichtbarer Hand geleitet an. Erst wenn man sich an dem Gewässer sattgesehen hat, interessiert man sich für andere Details des Gartens – die hübsch bewachsene Pergola, die duftenden Rosen, die gemütliche Terrasse oder den Kräutergarten.

Die Begeisterung für Wasser im Garten ist weit verbreitet und sie hat Tradition. In Ländern mit hoher Kultur wurden Gärten mit Wasseranlagen schon in der Frühzeit gepflegt. Zu den ältesten zählen die Wasserkanäle der Inkas im alten Peru um 2500 v. Chr., die mit Gold und Silber gefaßt waren. Oder die ägyptischen Palastgärten mit Wasserbecken voller Lotosblumen. Im Fernen Osten hat Wasser eine weiterreichende symbolische Bedeutung. So sehen Chinesen in ihren Gärten die Wasserfläche als Spiegel des Himmels, als ein »sichtbar gewordenes Herniedersteigen des Himmels zu den Menschen«. In Japan heißt es, Wasser verleihe der Seele des Menschen Ruhe und Stille.

Die Vielfalt von Wasser bietet auch andere Seiten: lebhafte, erfrischende Klangfarben und kraftvolle Geräusche. In den laut tönenden Fontänen der Gärten von Sanssouci in Potsdam, Herrenhausen in Hannover oder Versailles bei Paris etwa

Moderne Bescheidenheit: Das rechteckige Wasserbecken – ein 60 cm tiefes Folienbecken mit einer Stützwand aus druckimprägniertem Holz – gliedert das Gartenzimmer im holländischen De Rhulenhof. Zwei Kugelbäume vor der Eibenhecke und zwei Säulenhainbuchen am Haus geben einen wirkungsvollen Rahmen (Ierssel).

wird das Wasser in die Höhe geschleudert und zieht die Blicke auf sich – ein immer wieder faszinierendes Schauspiel. Dort, wo das Wasser von Natur aus knapp war wie in Arabien, Indien oder Spanien, wurde Wasser poetischer und sinnlicher verwendet. Ein Beispiel, das zugleich eine Reiseempfehlung ist: Die maurischen Gärten der Alhambra im andalusischen Granada. Hier wird Wasser zur Musik, wenn es aus leise murmelnden Springbrunnen in schmale Marmorrinnen fließt und die Innenräume und Höfe durchzieht.

Naturnahe Anlagen contra formale Gärten

Über viele Jahrhunderte hinweg galt der geometrisch gestaltete Garten als das Ideal schlechthin. Unverzichtbare Bestandteile waren Baumalleen, Blumenrabatten sowie Brunnen, Fontänen und Wasserbecken, die symmetrisch, manchmal auch perspektivisch angelegt wurden. Zu Beginn des 18. Jahrhunderts verblaßte das Interesse an diesen Gartenformen. Der damalige Geschmack konvertierte zum Stil des Landschaftsgartens. Diese revolutionäre Neuerung begann zunächst in England. Um 1730 war der Architekt und Gartenplaner William Kent (1685–1748) »der erste, der über den Zaun sprang und sah, daß die ganze Natur ein einziger Garten ist«. Viele romantische Gärten entstanden damals, die den Begriff des Englischen Landschaftsgartens prägten. Einer der berühmtesten und schönsten ist Stourhead in der englischen Grafschaft Wiltshire, wo ein Fluß zu mehreren Seen aufgestaut wurde.
Die Idee einer von Menschen nachempfundenen Landschaft fand bald auch auf dem europäischen Kontinent großes Interesse. Ein sehenswertes Beispiel aus dieser Zeit bietet München mit seinem Englischen Garten, der vor 200 Jahren von Friedrich Ludwig von Sckell (1750–1823) in den Isarauen »zwecks Bewegung und Geschäfts-Erholung, geselligem Umgang und Annäherung aller Stände« gestaltet wurde. Gestalterische Schwerpunkte solcher Anlagen waren Wasserläufe, die zu geschlängelten Seen gestaut und Bäume, die zu großen Gruppen gesetzt wurden. Es galt, die Natur so echt wie möglich nachzuempfinden.
Schließlich hielt der Typus des landschaftlichen Gartens auch in privaten Anwesen Einzug. Auf den Reiz einer stimmungsvollen, sich natürlich darstellenden Wasseranlage im Garten wollte man nicht mehr verzichten. Der französische Impressionist Claude Monet (1840–1926) machte da keine Ausnahme. Der Maler, der für seine Gemälde von Seerosen und romantischen Flußlandschaften berühmt geworden ist, notierte: »Man wird von einer Landschaft nicht innerhalb eines Tages durchdrungen ... Und plötzlich hat sich mir der märchenhafte Aspekt meines Teiches kundgetan. Ich griff zur Palette. Und seither habe ich mein Modell nicht gewechselt.« Dies stellte der Künstler mit vielen Bildern, die er von seinem selbstgeplanten Gartenteich an seinem Wohnhaus in Giverny schuf, unter eindrucksvollen Beweis.

Wasser als Teil moderner Gartenarchitektur

Auch in heutigen Gärten wird dem Wasser viel Bedeutung beigemessen. Die Größe des Grundstücks spielt dabei eine untergeordnete Rolle. Wichtiger ist vielmehr der »genius loci«, der Geist des Ortes. Gemeint sind die Lage des Grundstückes, seine landschaftliche Verbundenheit, das Klima, die heimische Flora und der vorhandene Baumbestand, und dazu die Architektur des Hauses, dessen Materialien und Anspruch. Es gilt zu beurteilen, ob der Garten eher landschaftlich naturnah oder architektonisch geprägt wirken soll. Darauf sollten die Art, Lage und Größe der Wasseranlage abgestimmt werden.

Ebenso verschieden wie die Grundstücke und deren Besitzer sind auch deren Erwartungen. Denkt man nur einmal an einen Gartenteich, muß man gewärtig sein, daß der eine ein kristallklares Gewässer bevorzugt, der andere einen Fischteich; ein anderer wieder zieht einen Naturteich vor. Oder soll es ein Schwimmteich sein, in dem man auch baden kann? Oder nur ein Tümpel, weil der Platz für einen »richtigen« Teich nicht ausreicht? Jedem ökologischen Gartenteich (ohne zu starken Fischbesatz) kommt die Bedeutung zu, den starken Rückgang natürlicher Feuchtbiotope auszugleichen. Denken Sie nur an all die Dorfteiche, die es einmal gab. Solche Ersatzbiotope reichen zwar im entferntesten nicht aus, den Raubbau an Feuchtflächen und Gewässern wieder gutzumachen. Aber immerhin bieten sie für manche Arten dringend benötigte Überlebensräume.

Für viele Gartenbesitzer ist ein Teich am schönsten, wenn es dort üppig blüht: Wenn im Frühling die Sumpfdotterblume ihre leuchtendgelben Blüten präsentiert oder die Schwanenblume ihre Knospen zu duftigen rosafarbenen Blütendolden öffnet. Mit einem Teich wird eine ganz andersartige Flora in den Garten gebracht. Und allein diese Bereicherung lohnt den Aufwand, den die Anlage eines Teiches erfordert. Diese Gewächse, die auf feuchtem Boden, im Sumpf oder im (und sogar unter) Wasser gedeihen, sind einfach faszinierend. Auch wenn es hier von März bis Juli besonders farbenprächtig zugeht, bleibt ein Teich im Herbst und im Winter im wahrsten Sinne lebendig. Vom flachen Ufer oder einer Brücke läßt sich das Leben und Treiben im Teich bequem beobachten. Da kann man schauen, wie die Natur vernetzt ist. Lebewesen, die sich am Teich vermehren, gehen in der Nachbarschaft auf Nahrungssuche. So helfen Frösche, Kröten und Molche, aber auch Libellen bei der natürlichen Schädlingsbekämpfung. Und wenn am Ufer eine lehmhaltige Stelle freigehalten wird, holen sich Schwalben den notwendigen Lehm, um ihr Nest zu bauen. Selbst wenn der Teich nur klein ist, hilft seine Existenz, das ökologische Gleichgewicht zu stabilisieren.

Ein neues Wasserbecken in schöner alter Gartenkunst: Zwischen den vielen Buchsbaumkugeln gedeihen Rosen der Sorten »The Fairy« (vor den gelben Blütenwolken von Frauenmantel) und »Smarty«, die hier in Töpfen gepflanzt worden sind (Beyers).

Claude Monet ließ über seinem Teich in Giverny eine japanische Brücke mit dem grazilen Überbau errichten, die mit den lockeren Blütentrauben des Blauregens zu einem seiner häufigsten Motive wurde und Weltberühmtheit erlangte.

Oben:
Art Déco in der portugiesischen Gartenkunst. Der Franzose Jacques Greber schuf 1935 an der heute öffentlich zugänglichen Casa de Serralves in Porto einen Garten mit beeindruckendem Anspruch und konsequenter Architektur, in der Wasser als zentrales Thema verstanden wird.

Unten:
In guter britischer Tradition: Die dunkelgrüne Kulisse einer Eibenhecke bildet ein Gartenzimmer, in dessen Mittelpunkt – symmetrisch auf die grünen Wände ausgerichtet – das runde Wasserbecken ruht.

Teiche müssen schön
und auch praktisch sein

Die moderne Erweiterung eines Gartenteiches heißt ganz allgemein Schwimmteich, was bedeuten soll: Baden im Teichbiotop. Sie wird als Kombination von Swimmingpool und Bioteich verstanden und wird so zum »Swimmingteich«. Zwar kann man in jedem Teich bei entsprechender Tiefe von mindestens 1,50 Meter baden, doch in den neuen Schwimmteichen sind der Bereich, in dem man schwimmt und die bepflanzte Randzone unter Wasser voneinander getrennt. Optisch bleibt eine große Wasserfläche, aus der seitlich Schilf und andere Sumpfpflanzen sprießen. Der Komfort eines solchen Freiluftbades ist wesentlich höher als vergleichsweise in einem Teich, weil das Wasser klarer ist und man nicht mehr zwischen Pflanzen schwimmt. Die bepflanzte Flachwasserzone dient zugleich als Energiequelle. Hier heizt sich das Wasser im Sommer zu angenehmen Temperaturen auf.
Eine Bereicherung ganz anderer Art bietet ein Bach. Er gluckst und plätschert und bringt Bewegung in den Garten und schafft mit seinem homogenen Verlauf auf dem Grundstück eine liebenswürdige Verbindung zwischen Quelle und Teich. Aus kleinen Kaskaden, Staudämmen, Wehren und Wasserfällen entstehen bezaubernde Spannungen und dazu ein beruhigendes Wasserrauschen. Nicht zu übersehen ist der ausgleichende Einfluß von Wasseranlagen auf das Kleinklima, und zwar im Umkreis von bis zu einhundert Metern. Das Wasser bewirkt eine erhöhte Luftfeuchtigkeit und Kühlung und reduziert allzu heftige Temperaturschwankungen der Luft. Und wer die Anlage eines Baches und/oder Gartenteiches unter ökonomischen Gesichtspunkten betrachtet, wird erstaunt sein, wie preisgünstig solch ein Gewässer ist. Die Kosten für die Anlage und auch den späteren Pflegeaufwand sind überraschend niedrig.
Aufwendiger, weil sie aus Beton gegossen oder aus teuren Materialien gebaut werden müssen, sind die neuen Wasserbecken oder klassischen Wasseranlagen. Runde oder eckige Formen, ein langgestreckter Wasserkanal oder ein symmetrisches Wasserspiel an Stelle eines natürlichen Uferverlaufes ergänzen den architektonisch angelegten Garten ideal. Die Möglichkeiten scheinen unbegrenzt, denn auch in der Gartenkultur ist ein Stilmix durchaus erlaubt, wenn er nur konsequent und nicht halbherzig betrieben wird.

Besser planen und bauen mit einem Gartenarchitekten

Gartenbesitzer sind oftmals damit überfordert, die richtigen Lösungen zu finden, die ihrem Haus und dem Grundstück angemessen sind und entsprechen. Hobbygärtner und in gärtnerischen Planungen unerfahrene Hausbesitzer sollten kein Risiko eingehen, was die Planung des Gartens betrifft. Sie ersparen sich oftmals Zeit und Kosten, wenn sie rechtzeitig den Rat eines Fachmannes, eines Garten- und Landschaftsarchitekten einholen. Ebenso wie für Hochbauarchitek-

ten werden der Leistungsumfang und die Höhe des Honorars in der Honorarordnung für Architekten und Ingenieure (HOAI) geregelt. Wer zunächst eine mündliche Beratung wünscht, wird das Honorar nach Stundenaufwand berechnen oder einen Pauschalbetrag vereinbaren, wobei der Stundensatz zwischen 70 und 155 Mark liegt. Bei umfassender Planung, die neun Leistungsstufen von einem skizzenhaften Vorentwurf bis zur Realisierung des Entwurfes, der Bepflanzung, der Überwachung aller Arbeiten, die Kostenkontrolle etc. einschließt, wird das Honorar nach der Gebührenordnung berechnet. Üblich ist die Honorarzone IV (Freiflächen mit besonderen topographischen Verhältnissen bei privaten Bauwerken). Preisbeispiel:
Bei DM 50000 anrechenbaren Kosten für die Ausführung des Entwurfes beträgt das Honorar für alle neun Leistungsstufen, das bei Auftragserteilung vereinbart sein muß, zwischen DM 10760 (Mindestsatz) und DM 12400 (Höchstsatz), jeweils zuzüglich Mehrwertsteuer. Teilleistungen wie die eines Entwurfes sind jedoch möglich. Ein entscheidender Punkt ist der richtige Zeitplan: Je früher der Garten- und Landschaftsarchitekt eingeschaltet wird, um so effektiver ist seine Mitarbeit.

In der Ausgewogenheit gut proportionierter Formen wird die Wasseranlage zu einem Schwerpunkt des Gartens in der Provence. Vor dem langgestreckten Schwimmbecken, das von zwei Elefanten-Skulpturen geschmückt wird, liegt ein flaches »Wasserbeet«, das bepflanzt werden kann.

Ein Vergnügen, das in jedem Garten möglich ist: Schritt für Schritt den Teich überqueren, Pflanzen, Tiere und die sich widerspiegelnde Umgebung auf der Wasseroberfläche beobachten. Wer das Leben im Teich von Schrittplatten oder einer Brücke aus erleben kann, hat mehr davon als wenn er es nur vom Ufer betrachtet (siehe folgende Seiten).

Ein Teich muß nicht groß sein, um stimmungsvoll zu wirken, aber er kann es sein, selbst im Garten eines Reihenhauses. Und ein Bach kann verschwiegen dahingleiten, aber andererseits die Gartenanlage dominant beeinflussen. Ob groß oder klein, nah am Haus oder weit entfernt – auf alle Fälle sollen Teich und Bach im engen Dialog mit der Gartenarchitektur, im Idealfall auch mit der Architektur des Hauses stehen. Wie das aussehen kann, ist bei aller Unterschiedlichkeit jeder der folgenden 25 Gartenreportagen abzulesen.

Die schönsten Teiche und Bäche

Zum Plan:
Großzügig greift die Wasseranlage um die Terrasse am Haus. Beginnend bei der Quelle, führt das Rinnsal bis zu dem breiten Teich, in dem auch geschwommen werden kann. Maßstab 1:400

Rechts oben:
Ein schöner Blick aus dem Garten: Das Haus und die vorgelagerte große Holzterrasse aus druckimprägniertem Kiefernholz scheinen über dem Wasser zu schweben.

Rechts Mitte:
Der schmale Bachlauf öffnet sich hinter der Holzbrücke zu einem größeren Teich, dessen Ufer sanft zum Rasen hin auslaufen.

Rechts unten:
Alles in Gelb: Die Gauklerblume *(Mimulus)* **mit Frauenmantel** *(Alchemilla)* **und dem grazilen Kreuzkraut** *(Ligularia przewalskii).*

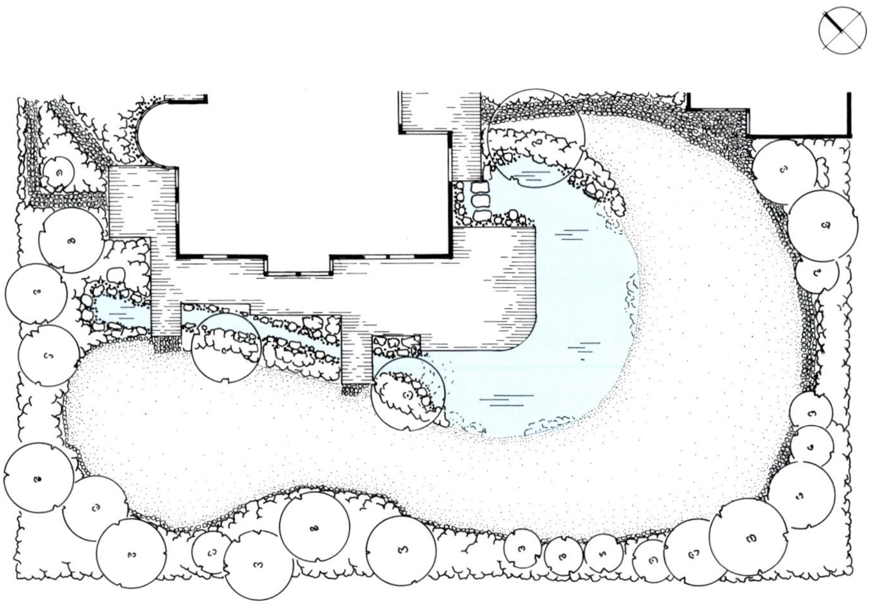

Rund ums Haus: Fast nichts als Wasser

Entwurf: Gartenarchitekt Knut Lehrke, Königswinter

Wenn die Hausbesitzer allein entschieden hätten, wäre das Grundstück in eine große Wasserlandschaft verwandelt worden. Der zu Rate gezogene Landschaftsarchitekt aber riet von der Anlage eines größeren Sees ab. Sein Argument: Die Proportionen von Haus und Garten würden nicht mehr stimmen. In seinem Entwurf gewährte er dem feuchten Element viel Spielraum und plante die Wasserflächen so, daß man von allen Räumen, die sich zum Garten öffnen, einen Blick auf Wasser hat. Mal ist das Gewässer nur ein schmaler Bachlauf, der über Steine gluckst, mal dehnt es sich bis auf mehrere Meter Breite aus. Hier ist es etwa 1,50 Meter tief und bietet damit sogar die Möglichkeit zum Schwimmen. Damit das Baden auch Spaß macht, aber nicht allein deswegen, sollte das Wasser möglichst klar sein. Das wird durch eine zehn Zentimeter starke Torfschicht erreicht, die auf dem Teichboden festgestampft und anschließend mit einer Sandschicht und Kies bedeckt wird. Bewährt hat sich auch, das gesammelte Regenwasser über die kleine Quelle in den Teich zu leiten. Als Fischbesatz wurden Moderlieschen gewählt. Dieser heimische Friedfisch reduziert wirkungsvoll die Mückenlarven.

Teichdichtung: EPDM-Teichfolie

Unten:
Das Wasser offeriert ein anregendes Spiel von Licht und Schatten der hohen Laubkronen. Sumpfpflanzen wie Sumpfdotterblume (vorne), Sumpfiris, Froschlöffel *(Alisma)* gedeihen gut im Halbschatten und verwischen die Teichbegrenzung.

Rechts:
Das Haus aus den fünfziger Jahren, dessen vielschichtige Fassade sich romantisch im Teich spiegelt, wurde durch einen modernen Gebäudekomplex in geradezu aufregender Architektur erweitert (Architekten: Spengler, Wiescholek).

Entwurf: Landschaftsarchitektin Beate Hojda, Hamburg

Romantisch unter Bäumen

Die Lage des Teiches wurde entlang verschiedener Blickachsen entwickelt, denn der Wasserspiegel mit einer reduzierten Uferbepflanzung sollte aus den Wohn- und Arbeitsräumen direkt zu sehen sein. Da der Blickwinkel durch die großzügigen, hochliegenden Terrassenanlagen (1,20 m über dem Gartenniveau) sehr langgezogen ist, mußte der Teich möglichst weit in den Garten hineingeschoben werden. Die Wurzelbereiche der schönen alten Bäume (Birke, Buche, Eiche) bestimmten die Formgebung des Teiches mit: Seine Ausdehnung wurde schonend zwischen den Kronentraufenbereichen hindurchgeführt. So wurde die größtmögliche Tiefenwirkung erzielt.
Aus Sicherheitsgründen hat der Teichboden umlaufend eine bis zu 20 cm tiefe Berme am Rand, die als Pflanzzone für Sumpfgewächse ausgebildet ist. Um eine ausgeglichene Wassertemperatur zu erhalten, wurde die Wassertiefe auf 1,20 Meter Tiefe beschränkt. Das Teichsubstrat für die Pflanzzonen setzt sich je zur Hälfte aus Oberboden und sandigem Teichaushub zusammen, das 10 bis 15 cm stark aufgetragen wurde. Auf das Einsetzen von Fischen wurde verzichtet. Zur Teichreinigung wurden etwa 100 Teichmuscheln eingesetzt, die sich offensichtlich vermehren: Das Wasser zeigt bislang keinerlei Trübung.

Pflege: Abgestorbene Pflanzenteile werden entfernt; das viele Laub wird im Herbst mit einem Fischernetz ferngehalten, das mit einer Seilkonstruktion (Flaschenzug) an den benachbarten Bäumen befestigt wird. Zeltpflöcke verankern dabei das Netz am Teichrand im Abstand von ein bis zwei Metern.

Teichabdichtung: PVC-weich (Plastoplan), 1 mm stark
Teichsubstrat: mit Sand gemagerter Gartenboden (Aushub)

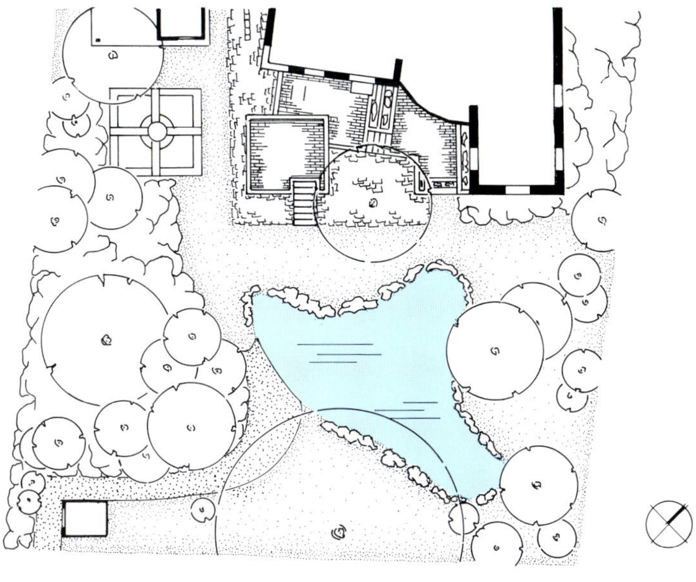

Zum Plan:
Die große Wasserfläche wurde nicht an die Terrasse angebunden, um den sonnigen Bereich als Rasenfläche zu gestalten und um den Blick vom Haus auf das Wasser nicht zu verstellen. Ganz behutsam schiebt sich der Teich zwischen den alten Baumbestand. Die Tonfigur (links) ist von Leni Nordmeyer. Maßstab 1:400

Unten:
Der Blick geht über Buchsbaumkugeln und Moospolster zum Haus mit der Terrasse davor und dem malerischen Teich, dessen Wasserspiegel mit Blüten und der Baumkulisse erfüllt ist. Auf der Insel (hinter der Steinlaterne) wachsen unter der Blütenkirsche *»Kiku-shidare-zakura«* **Zwergweymouthskiefern** *(Pinus strobus »Radiata«),* **die seit 20 Jahren geformt werden.**

Rechts:
Gegensätze sind hier gestalterischer Grundsatz der Planung: Zarte Blüten neben dem japanischen Schlitzahorn, Kiefern mit langen Nadeln neben Gartenbambus, und der Teich bildet den ruhenden Pol inmitten des Gartens.

Verwandlung: Der Garten wird zum Bild

Entwurf: Studio Renate Richi, Braunschweig

Am Anfang war eine Kiesgrube. Sechs bis acht Meter tief dehnte sie sich zwischen dem neu erbauten Wohnhaus und der romantischen Waldkulisse aus. Ein Relikt der Kiesgewinnung. Was war zu tun? Das gesamte Gelände konnte nicht aufgeschüttet werden, denn sonst hätte die Stützmauer eine unüberschaubare Höhe erreicht. Es galt also, verschiedene Ebenen und Gartenräume zu schaffen. Und diese sollten trotz des durchlässigen Untergrundes mit Moorbeetpflanzen wie Azaleen, Lavendelheide, Rhododendren oder Kalmien bepflanzt werden. Als Malerin sah die Gartenplanerin das Grundstück wie eine Leinwand, auf der ein farbiges, lebendiges Bild entstehen sollte – und zwar in der Art eines japanischen Gartens – ein Gartentyp, der für Renate Richi von besonderem Reiz und liebenswürdigem Kontrast ist.
Das Haus selbst wird als Teil des Ganzen verstanden, als ein Raum, aus dem man den Garten naturnah erleben kann – mit dem Blick auf die Wasserfläche, die spielenden Goldfische und die schillernden Frösche und Libellen, die sich auf den Seerosenblättern sonnen, und auf den Wasserfall. Ein Wandelgang mit einer vorgezogenen Terrasse schaffte den Übergang zum Garten. Von hier aus geht es über einige Holzstufen auf die wichtigste Gartenebene. Dort wurde der bis etwa 1,20 Meter tiefe Teich geschaffen, in dem sogar eine romantische Insel und eine Steinlaterne in japanischem Stil nicht fehlen. Das Ufer ist mit Azaleen, Kiefern und Stauden bepflanzt. Im April und Mai, wenn sich im Wasser die blühenden Kirschbäume, die Azaleen und Rhododendren widerspiegeln, dann ist der Garten unbeschreiblich schön. Für die Gartenbesitzer kann es während der Blütezeit dann nirgendwo schöner sein als in ihrem Zuhause.

Teichdichtung: Stahlbeton

Unten:
Die feinen und zarten Blüten der Azaleen, wie jene der Sorte *»Barryrose«*, und der *Rhododendron-fortunei-* Hybride bieten einen lebhaften Kontrast zu dem duftigen Grün der Farne und des Schlitzahorns und dem kräftigen Farbton der Kiefern.

Rechts:
In einem farbenfrohen, blühenden Garten sind Grüntöne wichtig, die hier vornehmlich aus geformter Weymouthskiefer, Nestfichte *(Picea abies »Nidiformis«)* und Bambus entstehen.

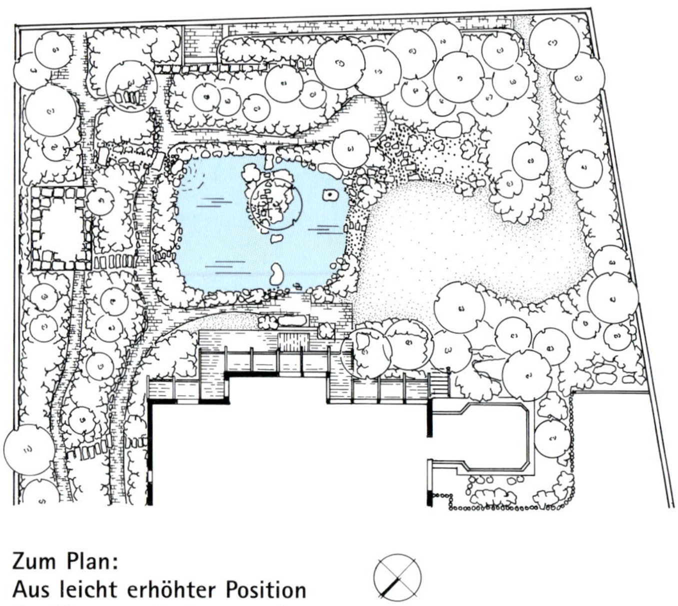

Zum Plan:
Aus leicht erhöhter Position des Hauses mit der vorgelagerten Pergola-Terrasse sieht man auf den Teich mit der Halbinsel. Rechts führt das Rasenband in den abfallenden Bereich, der als Rhododendrontal gestaltet wurde.
Maßstab 1:600

Entwurf: Helga und Johannes Roth

Zum Plan:
Die konsequente Ausformung des langgestreckten Teiches tut dem Grundstück gut. Der bis zu zwei Meter breite Bachlauf erstreckt sich 30 Meter lang über das Grundstück. Maßstab 1:300

Rechts:
Der zu beiden Seiten ansteigende Rasen gibt dem Bach wohltuende Weite. Da das Wasser kaum merklich fließt, bildet sich eine traumhafte Wasserspiegelung – fast wie in einem Teich.

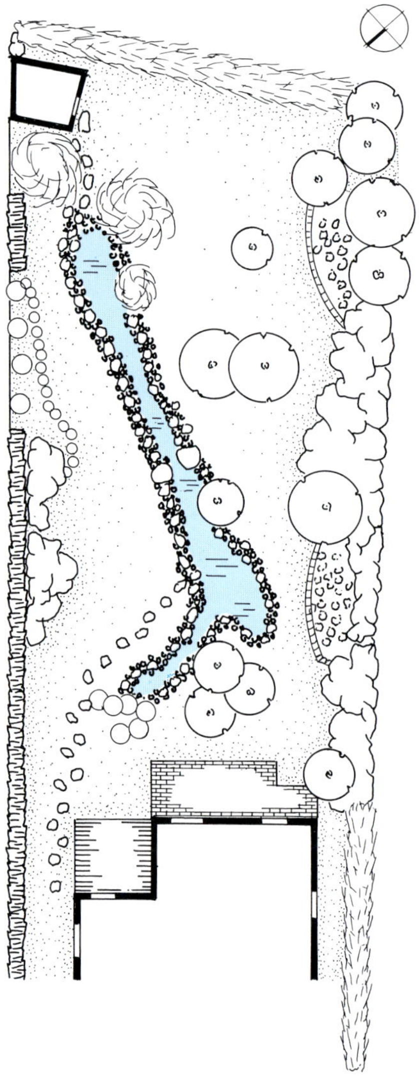

Ein Bach wie ein Teich

Beim ersten flüchtigen Hinschauen ist die Täuschung perfekt. Ist dieses langgestreckte Gewässer auf dem 80 Meter langen und 20 Meter breiten Grundstück ein Bach oder etwa ein Teich? Die Antwort fällt auch beim genaueren Blick nicht wesentlich entschiedener aus. Tatsächlich ist in der weiten Rasenmulde ein Bach angelegt, der auch als solcher wirkt, wenn die Umwälzpumpe eingeschaltet wird. Der Grund für dieses Verwirrspiel: Wegen des geringen Gefälles bemerkt man kaum, daß das Wasser fließt. Das etwa 30 Meter lange Gewässer ist in der Art einer japanischen Trockenlandschaft gestaltet worden. In den ersten Jahren war es tatsächlich ein trockener Bachlauf. Doch da nach längerem Regen das Wasser hier und da Pfützen bildete, entschieden sich die Hausherren für eine konsequente neue Lösung. Sie fingen fast ganz von vorn an und bauten ihren Bachlauf neu. Was an vielen Teichrändern als ideenlos gelten würde, ist hier in gestalterischer Raffinesse und mit gutem Gespür verfeinert worden: Der Teichrand ist – unter Verzicht auf eine dichte Bepflanzung – mit großen und kleinen Natursteinen befestigt und bildet einen spannungsvollen Übergang vom Wasser zum Rasengrün. Da die Gartenbesitzer sich die Art der Anlage selbst ausdachten, dauerte die Umsetzung in die Wirklichkeit viel Zeit. Allein für die Einfassung des Baches verging ein Sommerurlaub.
Die ungewöhnliche Teichform ist im Zusammenhang mit der Bepflanzung zu sehen: einer wohlausgewogenen Mischung aus Bambus, Kiefern, Chinesischem Rotholz *(Metasequoia)* und Blumenhartriegel *(Cornus)*.

Bach- und Teichdichtung: Folie
Tiefe: 40–50 cm, Breite: 0,25–2 Meter

Die Vogelperspektive läßt den malerischen Verlauf des Teiches in der Art japanischer Gartengestaltung am schönsten erkennen.

Rechts:
Ein Bach der ungewöhnlichen Art: Er zieht sich fast durch den ganzen Garten und ist nur von sehr wenigen, kaum blühenden Pflanzen gefaßt, aber um so mehr von Findlingen und Kieselsteinen.

Unten:
Der gepflasterte Weg (Basalt) führt hier unmittelbar am Teich entlang. Die Sandsteinquader verdecken geschickt die Betonwand, die das Teichufer hier absichert.

Zum Plan:
Ein romantischer Weg führt durch die naturnahe Bepflanzung vom Haus um den großen Teich. Zwischenstation und beim Rundgang oft Endpunkt ist der quadratische Sitzplatz, der den schönsten Blick über das Wasser und auf das Haus gewährt. Maßstab 1 : 300

Rechts:
Einladend wirkt der vier mal vier Meter große Sitzplatz, der auf einer Balkenkonstruktion freitragend über das Wasser ragt. Der alte Apfelbaum sorgt für den notwendigen Sichtschutz.

Entwurf: Grün plan, Rüdiger Weddige, Volker Lange, Hannover

Wenn ein Garten umgestaltet werden soll, kann man zwei Wege einschlagen: Kostengünstig ist es, wenn man behutsam vorgeht und lediglich hier und da die bestehende Anlage korrigiert. Aufwendiger, konsequenter und letztlich überzeugender wirkt ein Konzept mit neuen Ideen und Planungsansätzen. Die Bauherren ließen sich von ihren Garten- und Landschaftsarchitekten überzeugen und entschieden sich für den zweiten Weg. Das Ergebnis zeigt einen einfühlsam angelegten Teich, der die naturnahe Gartenanlage bestimmt. Mit zwei Metern hat der Teich sogar genug Tiefe zum Schwimmen. Zur Abdichtung des Teichbodens sind ökologische Mittel eingesetzt

Der Teich als »Gartencenter«

worden: Tonziegel, die in zwei bis drei Schichten überlappend eingebaut und festgestampft wurden. Das Ufer ist zum Haus hin von einer Betonwand baulich begrenzt, die durch Sandsteinquader (gebrauchtes Material) abgedeckt wird. Zum Garten hin verlaufen die Uferbereiche mehr natürlich. Der quadratische Abendsitzplatz aus druckimprägniertem Holz ragt wie ein Steg über den Teich und lädt im Sommer zum Zusammensein ein.

Teichdichtung: Tonziegel (Dia-Teichbauelemente) auf Geovlies

Unten:
Jeder einzelne Stein ist sorgsam ausgesucht und mühevoll vor Ort plaziert worden. Was nicht ganz einfach war, denn die Position konnte nur während des Einbaus festgelegt werden.

Rechts:
In der Kulisse geschickt geformter Kiefern, Azaleen und Rhododendren, die raffiniert die nahe Nachbarbebauung verdecken, wurde die Felsformation als Wasserfall gestaltet. Hier nimmt der Bach seinen Lauf und füllt die beiden Teiche.

Reifezeit für einen Garten

Entwurf: Gartenarchitekten Ulrich und Hannelore Timm, Hamburg, mit Günter Kynast

»Ein Garten muß wachsen, um zu dem zu werden, was ihn wertvoll macht«, heißt es zu Recht. Und darunter versteht man das Wachsen der Stauden, Sträucher und Bäume. Doch hier war etwas anderes ebenso wichtig: Der Garten sollte zunächst vor seiner Entstehung – während der Planung – wachsen. Dann erst kann er sich zu einer Größe entwickeln, die für längere Zeit Bestand hat.
Begonnen hat das Ganze mit dem Konzept der Gartenarchitekten. Dieser Plan sah unterhalb der großzügigen, in Stufen aufgefächerten Terrasse einen langgestreckten Teich vor, über den eine Brücke (oder ein Steg aus Holzbohlen) in den Garten zum Sitzplatz führen sollte. Der Gartenbesitzer ging ins Detail, überlegte sich die Bepflanzung. Nachdem der Plan ausgeführt war, erfreute sich die Familie an der ausgewogenen Teichform. Doch nach einigen Jahren vermißte der Bauherr Günter Kynast ein optisches Gegengewicht zum Teich. Wieder entstanden Pläne, wurden Ideen mit den Gartenarchitekten durchgesprochen. So ergab sich der Wunsch nach einem Bachlauf und einem Wasserfall, die den Garten heute auch in dem bisher weniger beachteten Teil reizvoll aussehen lassen. Aus wuchtigen Findlingen, die einzeln im Steinbruch ausgewählt wurden, erwuchs schließlich eine zwei Meter hohe Felsformation, an deren höchstem Punkt der künstliche Bachlauf entspringt. Von hier aus nimmt das Wasser seinen Lauf in den Teich. Es geht über weitere Steinbrocken und schmale Rinnen in die Teiche. Die tägliche Freude an dem Garten rechtfertigt die langwierige Planungsphase und den hohen Arbeitseinsatz.

Teichdichtung: Polyester und Teichfolie

Die Leichtigkeit eines japanischen Gartens findet hier eine europäische Variante. Kies und Steinplatten sind mit Bedacht angeordnet, Rasen fügt sich sanft an das Wasser, das mit seinen Reflexen nicht geizt.

Ein Plan, der in zwei Stufen entstand: Zuerst wurde die Terrasse mit der Stufenanlage, dem Teich und dem Weg zum Sitzplatz angelegt. Später folgte der Wasserfall mit dem Bach, der diesen Teil des Grundstücks spannungsvoll wirken läßt. Maßstab 1:300

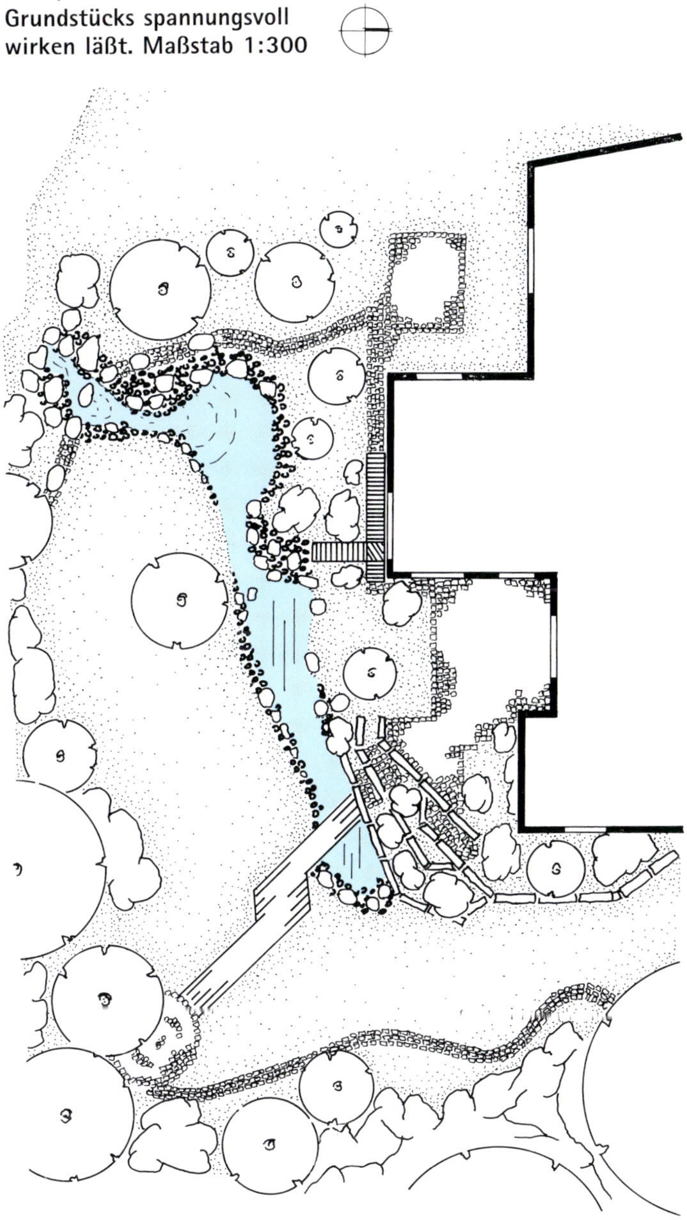

Der Blick über die Stufen mit Findlingen und den Kugel-Buchsbäumen führt tief in den Garten und läßt vergessen, daß dieses Grundstück nicht sehr groß ist.

Ein harmonischer Übergang von der Terrasse am Haus über die Stufen und Brückenschwellen zum Garten, in dem der Teich und der Bachlauf zum zentralen Thema wurden. Im Hintergrund ist der Wasserfall zu erkennen.

Unten:
Im ersten Jahr der Renovierung des Gartens zeigt sich die Uferbepflanzung aus dominierendem Hechtkraut ***(Pontederia)*** **erstaunlich üppig. Die mittige, ein Meter breite Brücke öffnet den Garten für den Besucher.**

Rechts:
Im zweiten Jahr sind das Grün der Sumpfpflanzen und die ersten Blüten von Hahnenfuß und Blumenbinse bereits üppig gediehen. Statt der Wasserbecken bietet der flache Teich einen anregenden Anblick und eine interessante Flora.

Statt Wasserbecken weite Teiche

Entwurf: Henk Weijers Gardens, Haarlem, Niederlande

Ein Garten kann frustrieren. Der Blick aus dem Wohnzimmer enttäuscht, wenn man anstatt ins Grüne und auf Blumen auf zu hohe Wasserbecken schauen muß. Was zunächst als Bereicherung der Terrasse am Haus geplant war und dann realisiert wurde, erwies sich im Laufe kurzer Zeit als störend. Auch das dahinterliegende Areal bot nichts, was einen Rundgang durch den Garten hätte lohnend erscheinen lassen können. Also mußte schnell ein neues Konzept her, und zwar eines, in dem Wasser eine große Rolle übernimmt. An Stelle der zu hohen Wasserbecken sollte ein flacher Teich vorne an die Terrasse grenzen. Auf den Rasen konnten die Hausbesitzer völlig verzichten. So entstand eine große Wasserlandschaft, die teils 60 bis 80 cm tief und bepflanzt und mit teils 1,60 Metern tief genug zum Baden ist. Um den Garten oder genauer gesagt die Teichfläche ganz aus der Nähe betrachten zu können, wurden Brückenstege aus Holz angelegt. Alles geradlinig und zweckmäßig, wie es Holländer von der Landgewinnung gewohnt sind. Ein 15 Meter langer Steg wurde entlang des Wohnzimmers gebaut, und über eine mehr als 20 Meter lange Brücke geht es in den hinteren Teil des Gartens. Passend dazu wurde auch die Bepflanzung gewählt: nichts Verspieltes und auch keine Mischung verschiedener Stauden, die erlauben würde, daß zu jeder Jahreszeit etwas blüht. Das Rezept: Eine einheitliche Pflanzenauswahl läßt den Garten großzügig wirken und steigert – nach einer oftmals langen Unterbrechung – die Freude an der Blütezeit.

Teichdichtung: Teichfolie mit Befestigung aus Bongossiholz

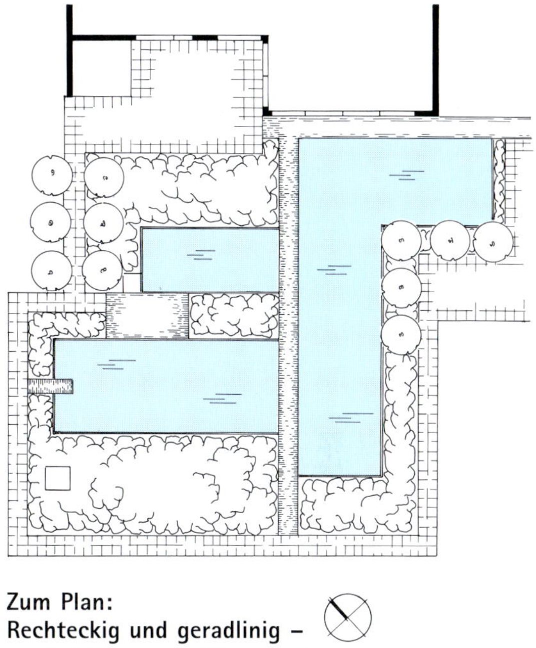

Zum Plan:
Rechteckig und geradlinig – so sind Terrassen, Wege und Teiche angelegt worden. Die straffe Gliederung wird von den Sumpfpflanzen leicht gemildert. Maßstab 1:400

Zum Plan:
Vom Becken schlängelt sich das Wasser zwischen Findlingen und Kieselsteinen hindurch bis zu dem großen Teich hinunter. Von den Sitzplätzen auf dem unteren Gartenniveau hat man einen herrlichen Blick auf das Wasser und den sich widerspiegelnden »blühenden« Stufenweg. Maßstab 1:500

Rechts:
Dieses Beispiel beweist: Wer auf großflächigen Rasen verzichten kann, erlebt mehr lebendige Natur im Garten. Von verschiedenen Plätzen hat man einen anregenden Blick auf das Wasser und auch auf das eigene Haus.
Rechts: Salvien bieten sich als Bienenweide an.

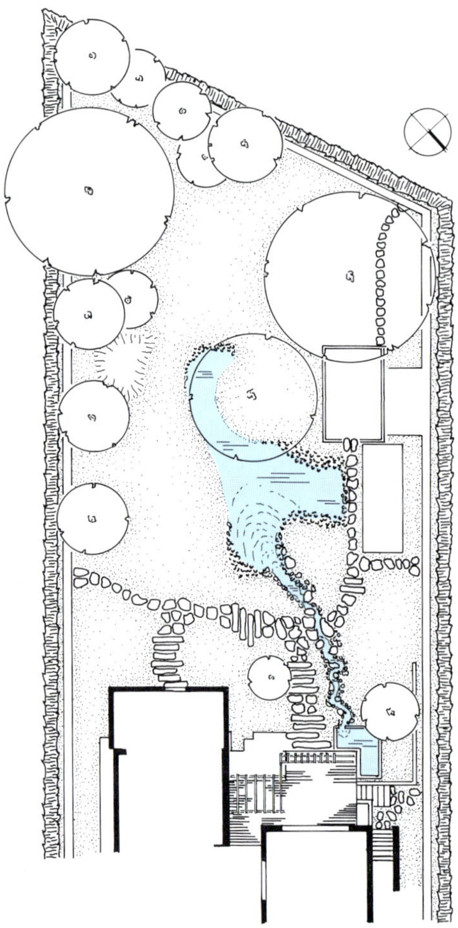

Nach zehn Jahren: Facelifting des Gartens

Entwurf: Gartenarchitekt Christian H. G. Wegener, Hamburg

Die Situation ist alltäglich: Wenn ein Garten in die Jahre kommt, wird eine grundlegende Erneuerung notwendig. Wie lange diese Entwicklung dauert, bestimmen die Planung und die gewählten Materialien und Pflanzen. In diesem Fall war dieser Zustand bereits nach zehn Jahren erreicht. Der Grund ist verständlich: Oftmals steht nach dem Hausbau für den Garten nur noch ein geringes Budget zur Verfügung. Dann werden billige Platten bestellt und schnellwachsende Sträucher gepflanzt, die schon nach sehr kurzer Zeit Unzufriedenheit hervorrufen.
Als der Gartenarchitekt mit der Umgestaltung dieses Gartens betraut wurde, sollten lediglich das vorhandene Wasserbecken und der erhaltenswerte Baumbestand berücksichtigt werden. Die Eingriffe in das Gartengelände wurden behutsam vorgenommen, die ausgeführten Veränderungen fügen sich ganz natürlich in die Böschung vor der Hausterrasse: Von dem Überlauf aus dem rechteckigen Wasserbecken neben der Terrasse begleitet der Bach den Stufenweg in den Garten, kreuzt ihn, überflutet Findlinge und ergießt sich gemächlich in den Teich. Von hier aus wird das Wasser wieder nach oben gepumpt. Wichtig war eine Bepflanzung, die zu fast jeder Jahreszeit Blüten hervorbringt, zumindest aber etwas Reizvolles bietet. Es entstand eine Mischung aus Stauden und einigen Gehölzen, die zwischen dem zeitigen Frühjahr und dem Spätherbst alle Blütenwünsche erfüllt.

Teichdichtung: Teichfolie, mit Sandunterbau unter den Steinen zweilagig (Detail siehe Seite 147)
Belag für Wege und Stufen: Granitpflaster und ausgediente Bordsteine

Links:
Der Blick vom Haus in den Garten ist nicht nur zur Blütezeit von Azalee und Flieder attraktiv. Das wechselnde Bild von Blüten, Rasen, Steinen und der Reflexion auf dem Wasser wirkt täglich neu. Dazu tragen auch die geschickt gewählte Bachmündung und die Teichform bei.

Rechts:
Herbststimmung am Teich: Während die Stauden und viele Sträucher sich gegenseitig farblich zu übertreffen scheinen, verharren die Nadeln der Säuleneibe und der Kiefer in ihrem immerwährenden Grünton.

Rechts unten:
Natursteine und der Bachlauf ergänzen sich gut mit dem blickdichten Bambus, dem zierlichen Schlitzahorn, dem flächig wachsenden Günsel *(Ajuga)*, dem Porzellanblümchen *(Saxifraga umbrosa)* und der Japanischen Azalee.

Unten:
Der Ausschnitt des leicht abgesenkten Gerinnes zeigt, auf welch reizvolle Weise nur wenige, aber gut angeordnete Steine die harten Linien auflösen.

Entwurf von Terrasse und Gerinne: Architekt Wolf-Eckart Lüps, Utting
Entwurf von Teich und Pflanzung: Landschaftsarchitekt Wolfgang H. Niemeyer, München

Wasser im Dialog mit der Architektur

Daß ein Haus mit seinem dazugehörenden Garten eine Einheit bildet, ist noch längst keine Selbstverständlichkeit. Zu groß ist die Unsicherheit, welche Komponenten der Architektur auf das Grundstück übertragen werden sollen oder können. Das Unterfangen erfordert ein umfassendes Verständnis für Materialien und Farben, Strukturen und die gesamte Bandbreite der zur Verfügung stehenden Vegetation. Wenn eine Einheit entstehen soll, müssen Bauherren und Planer zusammenarbeiten und sich gegebenenfalls kompromißbereit zeigen. Bei diesem Garten teilten sich der Hochbauarchitekt und der Landschaftsarchitekt sogar die Aufgaben. Der Architekt plante die Terrasse, die sich durch einen leichten Schwung geschickt von dem basilikalen Baukörper löst. Eine tiefergelegte Plattenreihe am Ende des Sitzplatzes dient als Gerinne, über das das Wasser bei minimalem Gefälle langsam in den Teich plätschert. Für die Teichanlage und die Bepflanzung zeichnet der Landschaftsarchitekt verantwortlich. Er wählte eine gelungene Kombination von Obstgehölzen und Sträuchern wie Feuerahorn, Magnolie, Kiefern, Weiden und Strauchrosen. Dazu Stauden, die die Blütezeit verlängern: Blutweiderich, Rittersporn, Mohn und Trollblumen. Und der Frühling beginnt mit der Blüte von Tulpen und Narzissen.

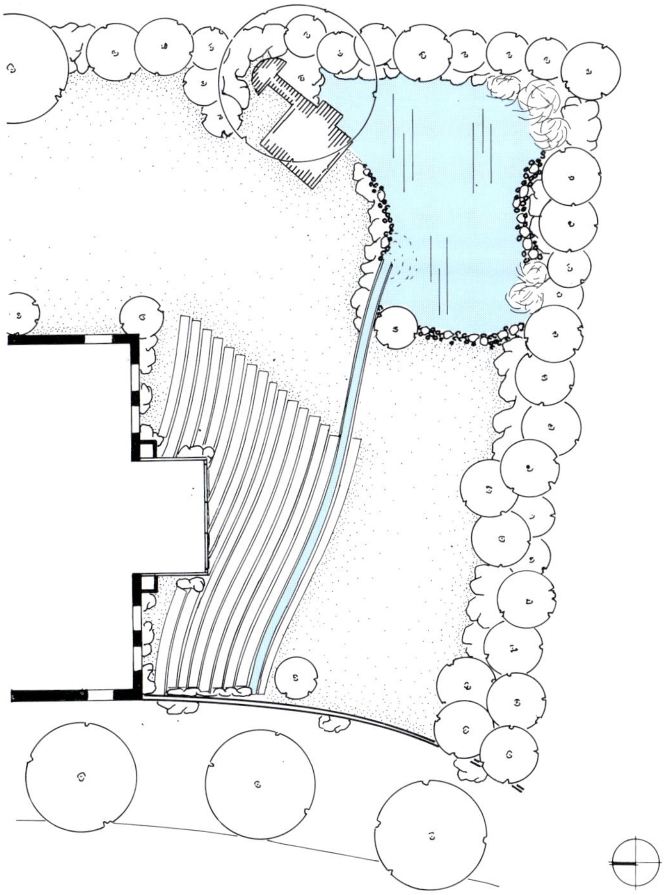

Zum Plan:
In ungewohnter Manier – nicht gerade, nicht rund – öffnet sich die Terrasse in den Garten und zum Teich. Maßstab 1:250

Frühling im noch jungen Garten vor dem Haus: Narzissen blühen auf der Wiese, begleiten das Wasser, das gemächlich von der Terrasse über das geschwungene Gerinne in den Teich mündet. Was jetzt noch transparent wirkt, wird sich im Laufe weniger Monate schließen und dem Garten zu seinem Eigenleben verhelfen.

Unten:
Das etwa 50 Zentimeter hohe Wasserbecken nimmt die vorhandene Form der überdachten, achteckigen Terrasse auf. Der Blick gleitet über den Wasserüberlauf, den gelbblühenden Frauenmantel und den Teich in das lichte Wäldchen.

Rechts:
Aus dem Wasserbecken, das aus Granitsteinen errichtet wurde, wird das überschüssige Wasser über eine schöne, polierte Granitplatte in den Bachlauf abgeleitet.

Entwurf: Gartenarchitekt Christian H.G. Wegener, Hamburg

Wasser sorgt im Garten für Bewegung

Dieses Grundstück im Bereich einer Endmoräne weist eine seltene Besonderheit auf: Obgleich es sich im Grunde um ein Waldgrundstück handelt, liegen große Teile des Hauses und des Gartens in der prallen Südsonne. So bietet sich ein schöner Blick in die Kronen von Kiefern, Birken und Eichen, ohne daß man unter ihrem Schattenwurf leiden müßte, im Gegenteil: An heißen Tagen im Sommer wird es auf der überdachten Terrasse und im Wintergarten sogar zu warm. Dann sucht man gern einen Platz in lichtem Schatten auf.
Der Planungsansatz des Gartenarchitekten sah vor, rund um diese Terrasse einen Bachlauf sprudeln zu lassen, der sich im fortdauernden Kreislauf bewegt. Zwei weitere Terrassen unterhalb des Hauses ergänzen die erste und schaffen die Möglichkeit, Wasser und Haus aus der anderen Blickrichtung zu erleben. Diese drei Sitzplätze sind durch flache oder gespaltene Findlinge miteinander verbunden. Sie führen als Trittsteine durch die Pflanzbeete, entlang des Baches oder über das Wasser hinweg. So kommt man auch an die neue Bepflanzung im lichten Baumschatten heran, die sich aus Azaleen, Ilex und Rhododendron-Sämlingen sowie Preiselbeersträuchern, Farnen, Waldgräsern und Wildstauden zusammensetzt.
Eine elektrische Umwälzpumpe, die in einem speziellen Wasserreservoir aufgestellt ist, sorgt für die notwendige Bewegung in Bach und Teich. Aus ökologischen Überlegungen wird das gesamte Wasser vom Dach in den Bach eingespeist.

Bach- und Teichdichtung: Teichfolie auf Sandschicht

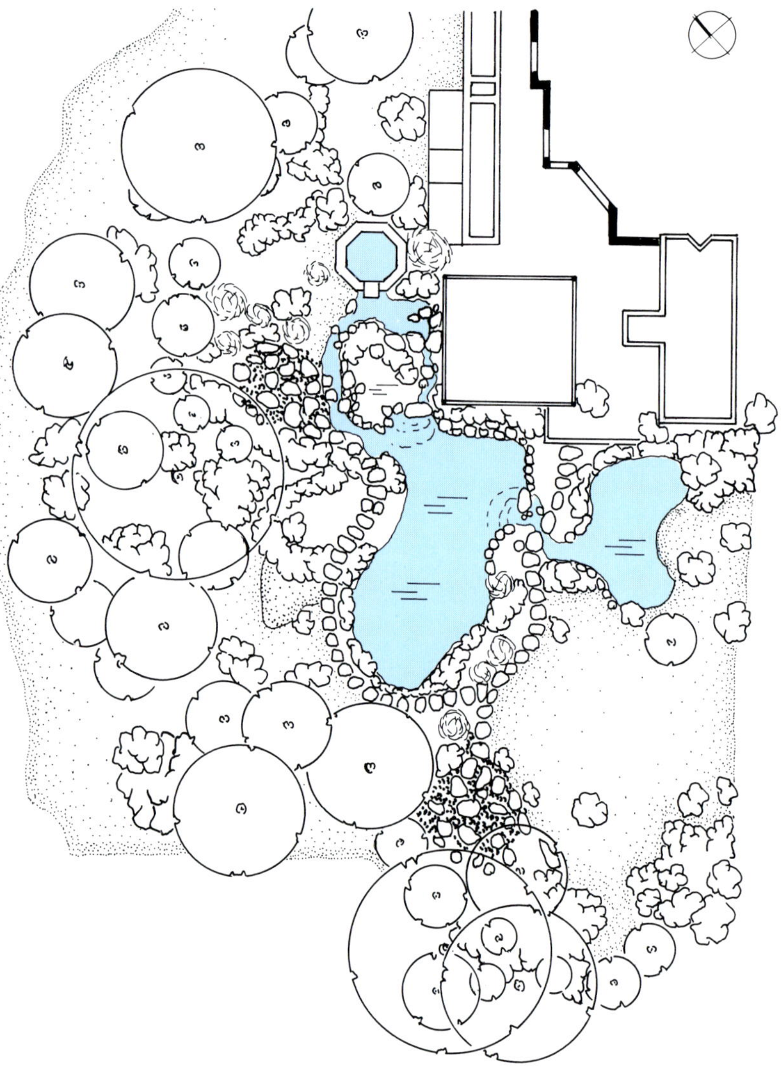

Zum Plan:
Mal schlank, mal breit dehnen sich die Wasserflächen auf dem Grundstück aus. Über Schrittplatten erschließt man sich die verschiedenen Bereiche des Gartens, kann man Haus und Teiche neu erleben. Maßstab 1:300

Rechts:
Rund um den Wintergarten und die dahinterliegende überdachte Terrasse breitet sich die Bach- und Teichlandschaft auf dem Waldgrundstück aus. Das achteckige Wasserbecken (siehe vorhergehende Seiten) ist zwischen dem Glasanbau und dem Schlitzahorn zu erkennen.

Unten:
Vor dem Haus viel Teich, der an seinen Ufern mit Hechtkraut *(Pontederia)* und Froschlöffel bepflanzt ist. Im Vordergrund wachsen die gelbblühende Ligularie und die Blauschote *(Decaisnea)*.

Rechts oben:
In dem Dschungel von Sumpfpflanzen und Teichrandgewächsen, von Bambus, Blutweiderich und Ligularie liegt ein erhöhter Sitzplatz aus Holz, auf den man sich zurückziehen und wo man sich geborgen fühlen kann.

Rechts unten:
Vom Haus aus sieht man auf den rechteckigen Teich und den Sitzplatz, der sichtgeschützt vor der weiß lackierten Holzwand angeordnet wurde. Das Ziegeldach im Hintergrund gehört zur Garage und dem Carport.

Ein Garten wie vom Reißbrett

Entwurf: Henk Weijers Gardens, Haarlem, Niederlande

Es gibt Grundstücke, die eine Herausforderung für die Bauherren und insbesondere für die Gartenplaner darstellen. (Für die Hausbesitzer ist es dann einfach, die Herausforderung an den beauftragten Gartenarchitekten weiterzureichen.)
Das Problem dieses Grundstücks war einfach seine Lage: Der nennenswerte Teil des Gartens erstreckt sich zwischen der stark befahrenen, innerstädtischen Bundesstraße und dem Haus. Es ist zwar die Sonnenseite, aber leider sehr vom Verkehrslärm beeinträchtigt. Auf der Rückseite des Hauses liegen der Eingang und ein fünf Meter breiter Streifen bis zur engen Nachbarbebauung.
Wie kann man gegen diese Geräuschkulisse vorgehen? Es wurden fast zwei Meter hohe Holzwände aufgestellt und ein hoher Erdwall aufgeschüttet und dicht bepflanzt, so daß der Lärm auf ein allgemeines Rauschen reduziert wird. Dahinter konnte nun ein Garten entstehen, in dem man sich gern aufhält. Der Gartenarchitekt hat ihn geplant wie neu gewonnenes Land – alles geradlinig ohne eine Kurve. Ein rechteckiger Teich (acht mal vier Meter groß) ist das Kernstück des Gartens. Ein ein Meter breiter Holzsteg führt vom Haus zwischen der seitlichen Terrasse und dem Teich in den Garten. Ein winkelig angeordneter Plattenpfad nimmt den Weg auf und führt als Rundweg durch das Bambus- und Gräserdickicht wieder zurück ans Haus. Das Ungewöhnliche an dem Garten: Trotz seiner Geradlinigkeit wirkt er gar nicht streng, sondern originell und dank seiner einheitlichen, wenig variierten Bepflanzung sehr harmonisch.

Teichdichtung: Teichfolie, die an Bongossipfählen befestigt wird.

Zum Plan:
Hier ist alles reduziert. Die Planung für den Garten wird von einem strengen Raster aus einem Holzsteg und Betonplatten geprägt. Dazu benötigt man sehr wenige Materialien und Pflanzenarten. Maßstab 1:250

Rechts:
Bereits ein Jahr nach seiner Bepflanzung nimmt der Garten Konturen an. Jetzt sind noch die hohen weißen Sicht- und Lärmschutzwände deutlich, die Sitzplatzflächen aus roten Betonplatten, der Holzsteg, der den Garten fast mittig durchschneidet. In kurzer Zeit wird sich die Bepflanzung im Teich und in den Beeten ausdehnen und die strenge Gliederung auflösen. Dann wird der Garten mit seinem Teich richtig schön romantisch werden.

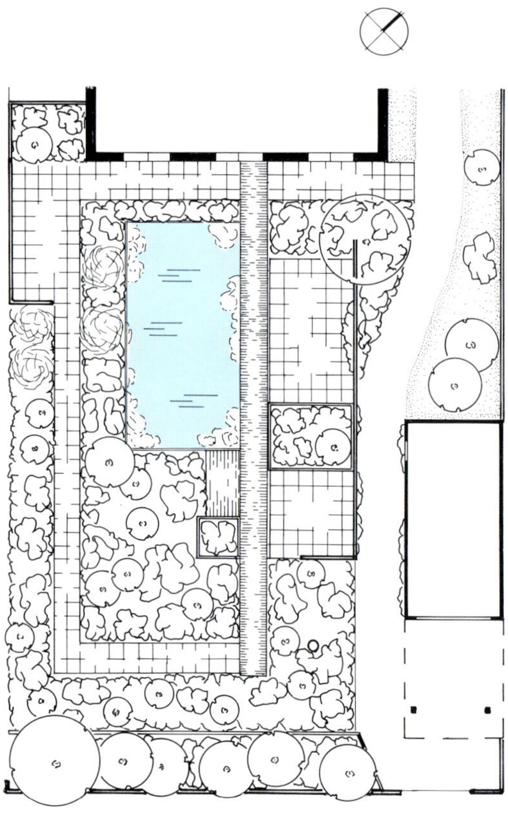

Unten:
Die Wege aus Holzschwellen und Naturstein veranlassen jeden, der den Teich überqueren möchte, zur Muße und lassen ihn aufmerksam die Umgebung (wie hier das Wollgras) betrachten.

Rechts:
Zwischen dem Naturstein am Haus und am Teich blühen Stauden und Gehölze, und dazu erscheinen kleine Kunstwerke wie die Skulptur »Schwebender Stein« von Nobuko Sekine, die im Wasser auf einer Edelstahlsäule ruht.

Viel Teich am Abhang

Entwurf: Gartenarchitekt Dr. Ivan Ruperti, Aldesago, Schweiz

Wenn ein Kunstsammler ein Grundstück für sich aussucht, dann schwebt ihm schon genau vor, welche Plastik, welches Objekt wo stehen soll. Wenn der Zeitgenosse dazu Gartenarchitekt ist, hat er noch andere Beweggründe, ein ganz bestimmtes Grundstück auszuwählen.
Aus guten Gründen also entschied sich der Besitzer dieses Anwesens, der beide Professionen in sich vereint, für den ehemaligen Weinberg im italienischen Teil der Schweiz.
Der Hang mußte zunächst geebnet und mit einer drei Meter hohen Mauer abgestützt werden, bevor das Grundstück nutzbar und der gewünschte große Teich angelegt werden konnten. So bot sich die Möglichkeit, den eigentlichen Garten auf eine Ebene zu legen. Er breitet sich nun unterhalb des Hauses (Architekt Ivano Gianola) vor dem Wintergarten aus. Reizvoll ist es, ein paar Stufen hinunter und dann entlang der Uferpromenade zu gehen. Der bis zu 80 cm tiefe Teich bietet gerade am Rand eine abwechslungsreich gestaltete Zone, in der sich große und kleine Steine mit Pflanzen wie Schwertlilien, Wollgras und Päonien abwechseln.
Sogar Wasserschildkröten fühlen sich hier wohl und überwintern unter der bis zu 40 cm starken Eisdecke im Wasser.
Die Wege in diesem Garten durften nicht geradlinig, sondern mußten im Zickzack verlaufen. Der Grund: Nach der Mythologie japanischer Gärten bleiben die bösen Geister auf solchen Wegen zurück. Sie können nur geradeaus gehen und halten sich deshalb vom Haus und seinem Bewohner fern.

Teichdichtung: Teichfolie

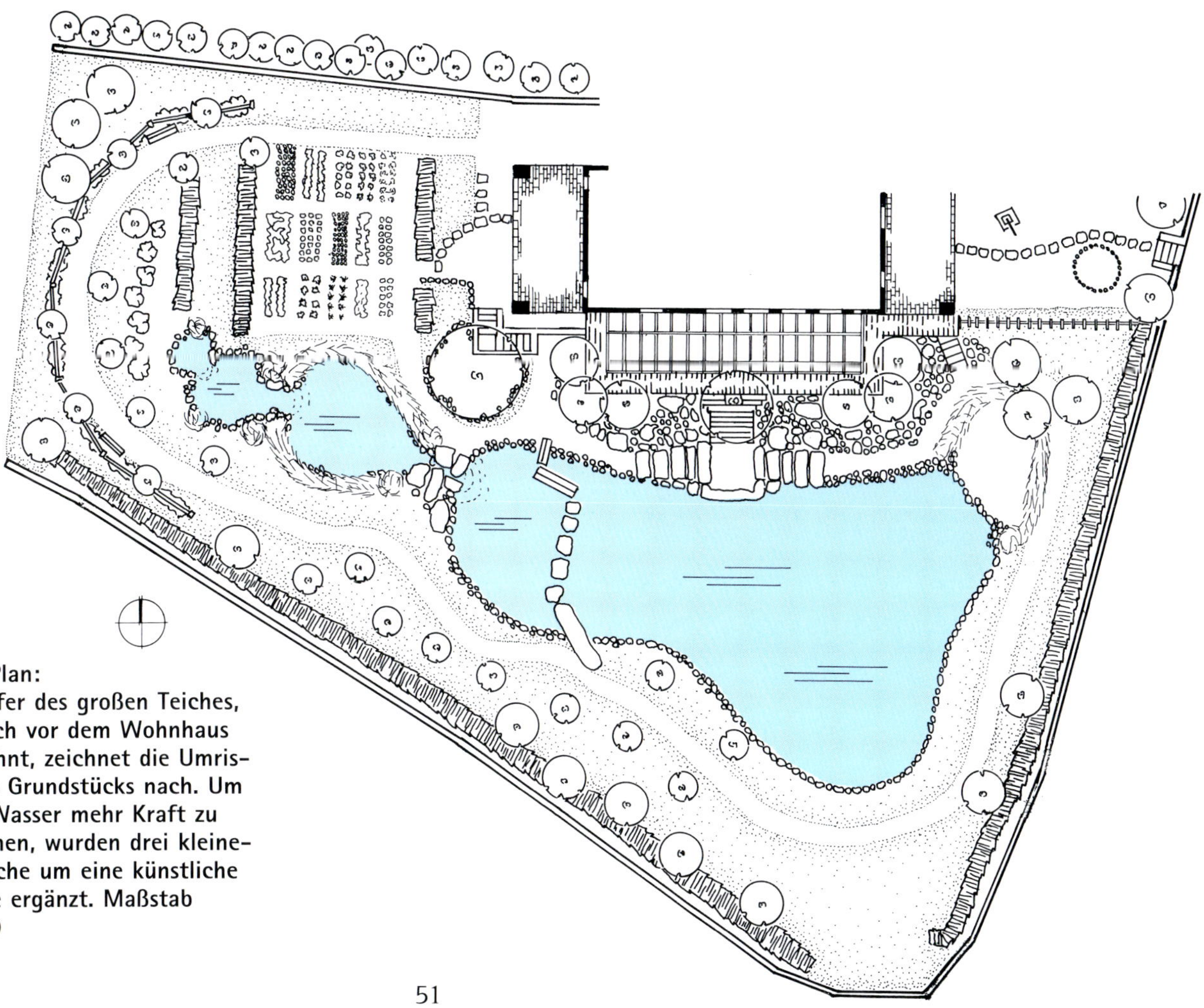

Zum Plan:
Das Ufer des großen Teiches, der sich vor dem Wohnhaus ausdehnt, zeichnet die Umrisse des Grundstücks nach. Um dem Wasser mehr Kraft zu verleihen, wurden drei kleinere Teiche um eine künstliche Quelle ergänzt. Maßstab 1:400

Unten:
Die Wasserschwertlilie, eines der schönsten Gewächse für den Teichrand, blüht ab Mai, meist zur selben Zeit wie Rhododendren. Zusammen mit der Sumpfwolfsmilch wächst sie neben dem Platz aus Holzschwellen und gibt dem Vordergrund leuchtende Farbe.

Rechts:
Kurz nach der Pflanzung: Mit vielen Staustufen wird die Geschwindigkeit des Wasserlaufes gebremst, wobei das Wasser, eingebettet in Staudenbeete, schöne Spiegelflächen bildet (siehe Foto Seite 55).

Entwurf: Bödeker, Boyer, Wagenfeld & Partner, Düsseldorf

Der Bach macht das Grundstück noch schöner

Sie sind rar geworden, die wirklich großen Grundstücke inmitten von Städten. Doch gelegentlich gibt es sie noch, wie dieses hier, das einst ein Obstgarten war. Der Großvater hatte das etwa 20000 Quadratmeter große Areal gekauft, bepflanzt und gepflegt, die Enkel und Urenkel können sich heute der Weite erfreuen. Aus dem Häuschen wurde eine Villa und aus dem Obstgarten ein gepflegter Garten.
Und dies brauchte seine Zeit. In mehr als zehn Jahren hat sich der Garten entwickelt, wurden die einzelnen Bereiche »in Form« gebracht. Wichtig war zunächst die Gestaltung des Eingangsbereiches und der Terrassen und Sitzplätze am Haus. Auch ans Wasser wurde gedacht: Ein langgestrecktes Becken wurde der Sonnenseite des Hauses vorgelagert, und ein großer Teich mit natürlicher Anmutung fand am tiefsten Punkt des Geländes seinen Platz.
Erst viele Jahre später entstand die natürlichste Verbindung zwischen den beiden Gewässern: ein Bachlauf. Er schlängelt sich nun in weichen Formen durch das abschüssige Gelände, wird hier und da von üppig blühenden Stauden begleitet, bis er endlich in den Teich mündet. Damit sich die Stauden entwickeln konnten, mußten sie jedoch zunächst einen Sommer lang durch Kaninchendraht vor Wildverbiß geschützt werden!

Bach- und Teichdichtung: Teichfolie

Rechts:
Vier Jahre nach der Pflanzung haben sich die Stauden am Bachlauf zu einem zauberhaften Blütenrausch entwickelt. Frauenmantel *(Alchemilla)* und Taglilien *(Hemerocallis)* bilden zusammen mit Zwergbambus einen prächtigen Rahmen für den künstlich angelegten Bachlauf. Die rote Stahlplastik schuf Wolfgang Göddatz, Köln.

Zum Plan:
Von der ehemaligen Obstplantage ist nichts mehr geblieben. Viele Bäume und Sträucher geben dem Garten einen vornehmen Parkcharakter, und der Bach durchschneidet – oben an der Terrasse beginnend – die weite Rasenfläche. Maßstab 1:600

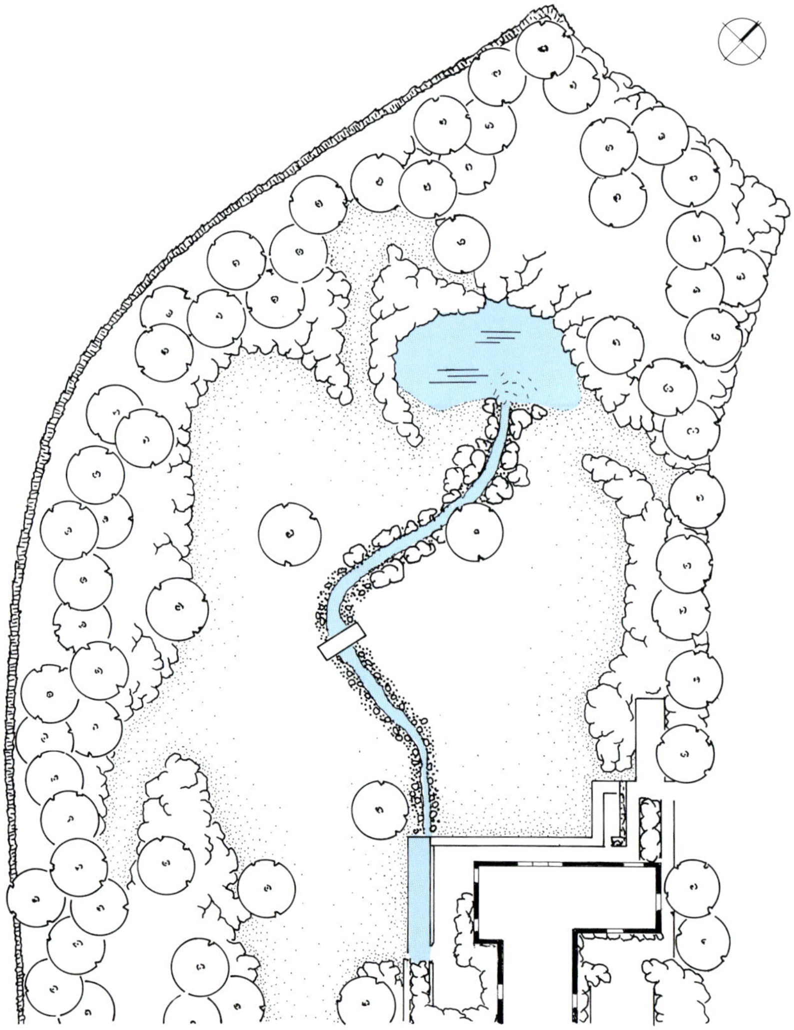

Zum Plan:
Auf der ausgedehnten Rasenfläche wurden einige Bereiche großzügig im Sinne japanischer Gartenkultur gestaltet. Der weite Teich mit dem Wasserfall ist oft Ziel des Rundgangs durch den Garten. Maßstab 1:700

Rechts:
Wasser, Steine und Pflanzen wie die Japanische Sumpfschwertlilie wirken im lichten Schatten des schönen Baumbestandes geradezu malerisch. So entstehen mitten in dem großen Garten Ruhezonen zum Meditieren, Nachdenken und Träumen.

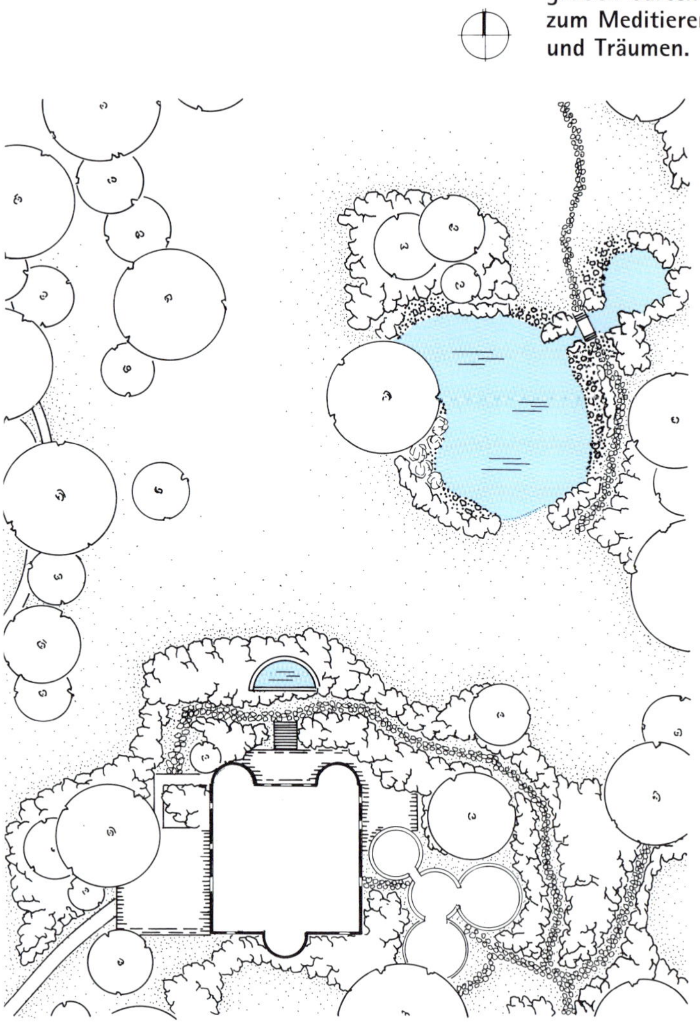

Japanische Gartenkultur für einen Teich

Entwurf: Reiner Jochems (Roji, Japanische Gärten), Bernd Breidenbach, Berlin

Die landläufige Meinung besagt, ein großer Garten sei leichter zu planen und anzulegen als ein kleiner. Demnach hätte dieses 10000 Quadratmeter große Areal die Bauherren vor keine besonderen Schwierigkeiten stellen dürfen. Doch die Wirklichkeit sah auch in diesem Falle anders aus.
Was sich die Besitzer dieses weiten Grundstücks mit einem herrlichen Baumbestand wünschten, war ein Garten von japanischer Anmut und mit viel Wasser. Sie fanden zwei Gartenplaner, die Erfahrung in der Konzeption fernöstlicher Gärten hatten und diese Ideen verstanden. Allerdings hatten sie ein Grundstück dieser Größe noch nie bearbeitet. Es wurde geplant und verworfen und wieder geplant, bis die drei wesentlichen Bestandteile eines japanischen Gartens – Wasser, Steine, Pflanzen – im richtigen Verhältnis zueinander standen. Schließlich übernahmen die beiden Gartenplaner auch die Ausführung in eigener Regie. Mit mehreren Geräten wurde die Erde wochenlang bewegt. Immerhin mußten 350 Quadratmeter Teichfläche ausgehoben werden! Die Bepflanzung hält sich dezent zurück. Sie betont schwerpunktartig einige Bereiche, läßt aber manche Durchblicke vom Wohnhaus aus zu.
Das Wasser liegt weitab vom Haus, was als besonders reizvoll angesehen wird. So wurde es bei den Bauherren inzwischen zur Gewohnheit, jeden Tag zu ihrem Teich zu gehen und auf diese Weise ihr Grundstück bei jeder Witterung zu erleben. Wasser kommt hier in vielfacher Weise vor, als Wasserfall, Bachlauf und Teich. Im Teegarten wurden Wasserbecken wie im echt japanischen Garten aufgestellt. Wenn man sich hier die Hände reinigt, so heißt es, werden die Standesunterschiede der Teilnehmer während der Teezeremonie abgelegt...

Teichdichtung: Tonziegel

Rechts:
Die Lage jedes einzelnen Findlings, jeder Schrittplatte und der Steinbrücke ist genau aufeinander abgestimmt worden, damit sich zusammen mit den Pflanzen der harmonische Gesamteindruck einstellt.

Oben:
Von der Kaskade hinter dem Teich genießt man einen Blick über viel Wasser zurück auf den Zen-Garten mit dem Teepavillon und dem unmittelbar danebenliegenden Wohnhaus.

Zum Plan:
Die rund geformten Teiche sind eingebettet in die Parklandschaft. Sie liegen vom Haus entfernt, doch sind sie sehr einladend. Maßstab 1:900

Rechts:
Haus und Garten bilden eine wunderbare Einheit, vor allem an solchen Sommertagen, an denen sich die Wolken postkartenreif im Wasser spiegeln.

Zu Seiten 62/63:
Statt bunter Blütenfarben wechseln sich hier Grüntöne ab. Im Hintergrund die Pappelallee, im Wasser Seerosen und Simse *(Scirpus)*, im Vordergrund die riesigen Blätter des Mammutblattes *(Gunnera)*.

Teiche auf dem Maisacker

Entwurf: Architekturbüro Landschaft + Garten, Solingen

Eine der angenehmen Seiten des freien Berufes ist es, nicht nach einem Schema arbeiten zu müssen. Was viel mehr, hier für den Gartenplaner, zählt, sind außer einer gehörigen Portion Naturverständnis und Formgefühl vor allem Flexibilität und Ideen. Es sind – sofern vorhanden – auf der einen Seite die Wünsche der Bauherren zu berücksichtigen, auf der anderen Seite diese mit den Gegebenheiten des Grundstücks in Einklang zu bringen.
Bei der Erneuerung dieses großen Gartens (mit den Ausmaßen eines Parks) mußte zunächst einmal Weite geschaffen werden. Zu viele Bäume und Sträucher waren gepflanzt worden, die nun gestutzt oder gefällt wurden. Außerdem galt es, einen zugekauften angrenzenden Maisacker so zu integrieren, daß ein einheitlicher Garten entstehen konnte. Hier wurde ein 60 Meter langer Teich eingeplant, der in der Form eines angewinkelten Arms weit in das Grundstück ragt. Die Teichsohle wurde bis zu drei Metern tief ausgemuldet. Bei solch einer Tiefe kann sich das Wasser besser dauerhaft regenerieren und es verkraftet den Fischbesatz besser. Von einem Erdhügel und Ausguck in die Landschaft getrennt liegt ein anderer Teich, dessen Mitte man über eine Brücke überqueren kann. Aufwendig, aber lohnend war dann im Anschluß eine weitere umfassende Maßnahme: Der Rasen vor dem Wohnhaus wurde bis zu einer Stärke von 70 Zentimetern abgetragen, um so einen schöneren Blick auf den Teich zu gewinnen – und umgekehrt, um dem anspruchsvollen Baukörper des Wohnhauses einen Standort mit einem entsprechenden Umfeld zu geben.

Teichdichtung: Teichfolie auf Vlies

Unten:
Zwischen dem Haus aus Stahl und Glas und der 15 Meter hohen Felswand ist der 1,80 Meter tiefe Teich eine Oase. Vom Balkon aus kann man die Tierwelt beobachten: Am Tage machen Stockenten ihren Besuch. Im vergangenen Sommer kamen in der Felswand drei Jungfüchse zur Welt. Fledermäuse hausen in der Grotte, und Eidechsen klettern am Felsen.

Rechts:
Besser hätte ein Architekt die Herausforderung eines Grundstücks nicht annehmen können. Das transparente Gebäude öffnet sich zum Licht und macht den Blick frei auf die schroffe Felswand mit dem tiefliegenden Teich.

Der Teich am Fels

Entwurf: Bambek + Bambek, Stuttgart

»Ein mutiger Versuch, die Begegnung von Natur und moderner Technik an einem ungewöhnlichen Ort zu gestalten. Vor einer Felswand am Weinberg und einem kleinen Teich steht das Haus, das sich dank seiner Baustoffe – vorwiegend Metall und Glas – entschieden von der umliegenden Bebauung absetzt.« Der Auszug aus der Würdigung der Jury für den begehrten Hugo-Häring-Preis 1991 durch den Bund Deutscher Architekten BDA beschreibt das Projekt treffend.
Der Zustand des Grundstücks war trist. Es bot den Anblick eines ungepflegten Hinterhofes in einem 1938 stillgelegten Steinbruch. Noch vor der Gestaltung des Gartens wurde der Felsen von lockerem Gestein befreit, ein Teil über der Grotte rückverankert und das Ganze mit Spritzbeton befestigt.
Für den Teich wurde der Boden bis zu 1,80 Meter tief ausgehoben und mit einer Folie abgedichtet. Drei Sack Schlamm aus einem anderen See erleichterten dem eingefüllten Wasser den Start als Feuchtbiotop. Gepflanzt wurden Sumpfdotter-

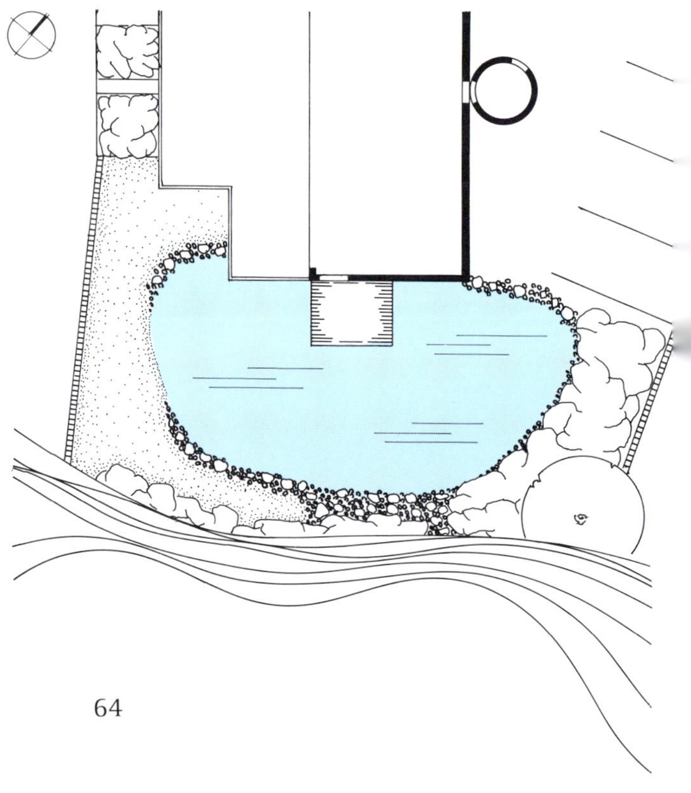

Zum Plan:
Der 120 Quadratmeter große Teich füllt den Raum hinter dem Haus. Obwohl wenig Licht hineinfällt, fühlen sich Pflanzen und Tiere wohl.
Maßstab 1:300

blumen, Schilf, verschiedene Seerosen, Wasserlinsen, Wasserpest. Zwei Wasserfälle liefern im Sommer (mit Hilfe von Umwälzpumpen) den nötigen Sauerstoff für die Karpfen, Goldfische, Rotkopfschildkröten, Lurche und Frösche. Für die Tiere und Pflanzen ist der Hof zu einer Oase in einer überkultivierten und vergifteten Umwelt geworden.

Teichdichtung: Teichfolie

Unten:
Idyllischer Übergang von der Holzterrasse (druckimprägniertes Kiefernholz) zum Weg aus Rindenmulch: Rosen, Rittersporn und Malven sorgen für einen schönen Flor am Teich.

Zum Plan:
Die Terrasse und der Teich wetteifern um den Vorrang im Garten. Viel Holz am Haus, um je nach Sonnenstand die bestmögliche Lage zum Sitzen wählen zu können. Auf einem Rundweg kann man das Grundstück begehen und den Teich von allen Seiten betrachten. Maßstab 1:250

Entwurf: Landschaftsarchitekten Volker und Helgard Püschel, Mettmann

Es gibt Grundstücke, bei denen es zwingend notwendig ist, die nahe Umgebung in die Gartengestaltung einzubinden, weil sie durch ihren Anblick oder den Baumbestand eine Bereicherung darstellt. Die Mehrzahl der heute bebaubaren Areale allerdings muß ohne diesen kostenlosen Zugewinn auskommen. Die Bauherren haben sich mit dem Wert des eigenen Grundstücks zu begnügen. In diesem Fall mußten sich die Besitzer beziehungsweise ihre Gartenarchitekten etwas einfallen lassen, um den Lärm vom nahen Kinderspielplatz zu dämpfen und Einblicke zu verhindern. Als der gewünschte Teich geplant wurde, berücksichtigte man deshalb gleichzeitig den Sichtschutz. Einen Meter hohe Betontraversen (Winkelsteine) stützen ringsum den bepflanzten Erdhügel zum Nachbargrundstück ab, dessen Boden beim Teichaushub (1,20 m tief) anfiel.

Eine Welt für sich: Teichlandschaft

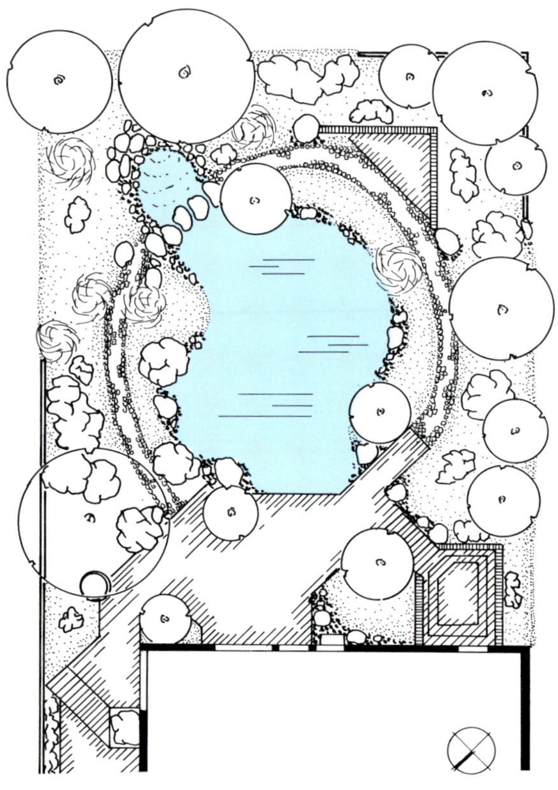

Auf Rasen und eine Spielwiese wollten die Bauherren verzichten: Ihre Kinder sind bereits erwachsen.
Die Terrasse am Haus ist der zentrale Sommerplatz im Garten. Von hier aus erreicht man über den Rundweg mit einer Abdeckung aus Rindenmulch einen weiteren kleinen Sitzplatz und den Mini-Wasserfall, der durch eine Umwälzpumpe mit Wasser versorgt wird.
Teichdichtung: Teichfolie

Fast der ganze Garten auf einen Blick. Schon wenige Monate nach der Pflanzung im Frühjahr bieten jetzt im Sommer der Teich, die Bepflanzung und die beiden Holzterrassen ein fast fertiges Bild. Die Quelle links hinten und zwei Quellsteine lassen ein angenehmes Plätschern hören und versorgen das Wasser zudem mit Sauerstoff.

Unten:
Eine lebendige, bis zu 1,50 Meter hohe Hügellandschaft, deren Wirkung von romantischen Teichen und Wasserspielen gesteigert wird, läßt die Nachbarbebauung und den Straßenverkehr vergessen.

Rechts:
Über Schrittsteine und sorgfältig gearbeitete Stege aus amerikanischem Rotzedernholz, die elegant über das Wasser führen, geht es zum Sitzplatz vor der dekorativen Kulisse aus Kiefern. Wer Zeit zum Verweilen hat, genießt hier einen neuen Eindruck des japanisch anmutenden Gartens.

Repräsentativ und sehr japanisch

Entwurf, Ausführung: Inspired by Nature, München

Es gibt heutzutage immer mehr Grundstücke, die zwar einen sehr schönen Zuschnitt haben, die aber ungünstig gelegen sind. Die Gründe dafür sind vielfältig: In diesem Fall ist es die Nähe zur Stadtautobahn. Erstens stört der hohe Lärmpegel, an den man sich zwar gewöhnt, wie es heißt, der sich aber ungünstig auf das Wohlbefinden der Bewohner auswirkt. Zweitens verbreitet der schnelle Autoverkehr im Umfeld »ansteckende« Hektik. Deshalb sollte der Garten vor allem als ruhiger Kontrast wirken.
Was war zu tun? Die Planer wandten eine naturgemäße Gestaltungsweise an, wie sie in japanischen Gärten üblich ist, mit Wasser als vorherrschendem Element. Deshalb spielt es hier eine entscheidende Rolle. In Form eines Teiches mit bis zu 1,60 Meter Tiefe wirkt es transparent und spielerisch, als Fontäne und Wasserfall gibt es sich kraftvoll und energisch und überdeckt angenehm das Rauschen des Verkehrslärms. Außerdem erhöht das Wasser die Luftfeuchtigkeit und verbessert so das Kleinklima. Gerade wegen der unmittelbaren Nähe zur Autobahn empfinden die Besucher den Garten als erholsam. Die Natur ist zum Greifen nahe. Auch die Bepflanzung ist an japanische Vorbilder angelehnt. So ergeben sich dank Pflanzgruppen und Hügeln immer wieder völlig neue Eindrücke. Mal tut sich vor dem Betrachter ein tiefer Einblick in das Grundstück auf, mal verbergen Hügel und Felsen aus einer Mischung von grünlichem Quarzit und gelblich-weißem Kristallmarmor die Tiefe des Gartens. Dank der intensiven Bepflanzung der Flachwasserzone (sie entspricht etwa einem Drittel der Wasseroberfläche) und dem Einbringen von ungedüngten Torfballen ist das Wasser auch nach drei Jahren nahezu algenfrei.

Teichdichtung: EPDM-Teichfolie, 1,5 mm

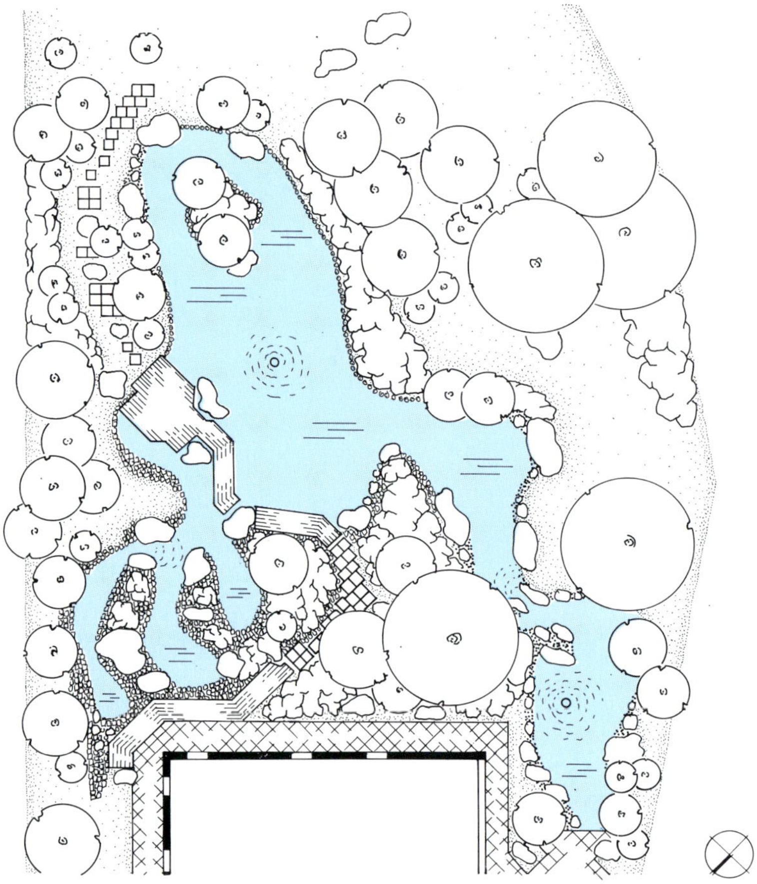

Zum Plan:
Wasser durchfließt das gesamte Grundstück. Es ist raffiniert japanisch angelegt: mal eng und nicht überschaubar, mal weit und großzügig. Maßstab 1:400

Unten:
Hier ist alles rund, wenn man einmal von dem reflektierenden Wasserspiegel absieht: die unbearbeiteten Findlinge, die Rasenflächen und die gepflasterten Ufer des Teiches. Alles geht ineinander über, wird zu einer geradezu vollkommenen Einheit, und die tosende Fontäne bildet den Höhepunkt.

Rechts:
Eine Insel der Ruhe? Die sprühende Gischt der Wasserfontäne im Hintergrund läßt einen hohen, aber angenehmen Geräuschpegel entstehen, in dem man sich gerne draußen aufhält, um Pflanzen wie die Rhododendren einmal aus der Nähe zu betrachten.

Unten:
So ist das Handtuch von einem Garten zu einer attraktiven Anlage geworden. Der Teich füllt fast die ganze Gartenbreite aus und endet kurz vor dem Sitzplatz.

Rechts:
Der große Teich und die dichte Bepflanzung aus Kiefern, Bambus und Schilfgras lassen vergessen, wie schmal das Grundstück ist und täuschen auch durch die Reflexion auf der Wasseroberfläche ein deutlich größeres Gelände vor. Aber das ist ja kein Nachteil!

Am Reihenhaus: Wasser ist schöner als Rasen

Entwurf: Landschaftsarchitekten Rheims & Partner, Krefeld

Bei der Frage, wieviel Teich ein Grundstück verkraftet, schneidet ein durchschnittlicher Reihenhausgarten schlecht ab. In aller Regel wird man sich für eine Wasserfläche entscheiden, die die Größe eines Wasserbeckens nur unwesentlich überschreitet. Ganz anders auf diesem Grundstück. Als der Gartenarchitekt den Bauherren seinen Entwurf vorlegte, der fast das gesamte Grundstück zu einer Wasserlandschaft umfunktionierte, kam – nach nur kurzem Zögern – die einhellige Zustimmung der ganzen Familie. Genau so sollte der vorhandene langweilige Rasengarten umgestaltet werden. Von der vergrößerten Terrasse am Haus sollte nun ein Weg über Schrittplatten im Teich zu dem gegenüberliegenden Sitzplatz führen. Von hier aus blickt man auf das eigene Haus – und nicht nur auf das des gegenüberliegenden Nachbarn. Die Ausführung des Plans stellte sich als sehr kompliziert heraus, denn für den Teichaushub gab es ja keinen Platz auf dem schmalen Grundstück: Er mußte komplett abgefahren werden. Und sogar die Bambuspflanzen konnten nicht bleiben, wo sie wuchsen, sondern mußten geteilt und umgepflanzt werden.
Die Idee, den Garten der rechten Nachbarn mit einzubeziehen, konnte noch nicht verwirklicht werden. Dieses Projekt muß warten, bis deren Kinder groß genug sind und das Wasser für sie keine Gefahrenquelle mehr darstellt.

Teichdichtung: Teichfolie

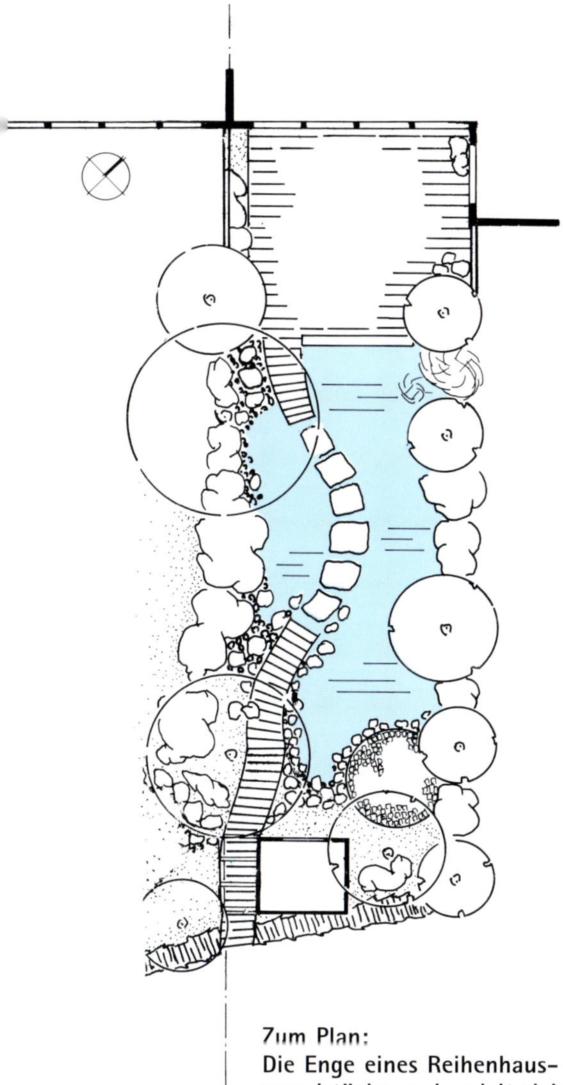

Zum Plan:
Die Enge eines Reihenhausgrundstücks, es handelt sich hier um schmale sechs Meter, bietet dennoch Platz genug, um einen großen Teich anzulegen, den man über Schrittplatten bis zum Sitzplatz »überqueren« kann.
Maßstab 1:200

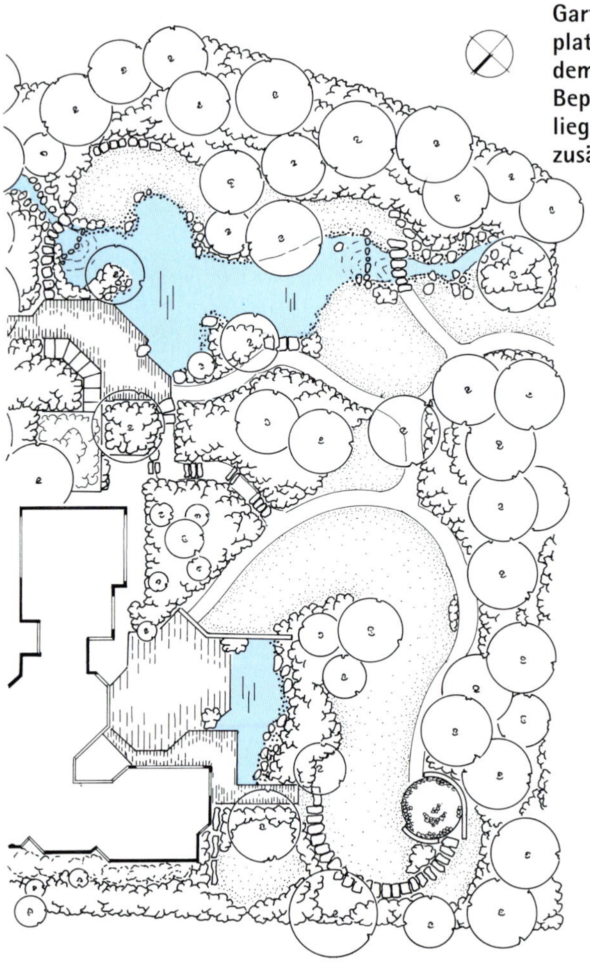

Zum Plan:
Die Großzügigkeit der Gartenanlage entsteht aus einem Wechselspiel dicht bepflanzter Teile mit freien Rasen- und Wasserflächen, die einen weiten Durchblick ermöglichen. Maßstab 1:500

Rechts oben:
Ein schöner Blick aufs Wasser, das sich zwischen dem blühenden Trompetenbaum *(Catalpa bignonioides)*, Bambus und der Rasenfläche im Hintergrund ausbreitet.

Rechts unten:
Die Anmut eines japanischen Gartens vermittelt der Sitzplatz auf dem Holzdeck vor dem Gartenhaus. Die dichte Bepflanzung des gegenüberliegenden Teichufers bringt zusätzliche Geborgenheit.

Wasserlandschaft als Naturerlebnis

Entwurf: Landschaftsarchitekten Wolfgang R. Mueller + Partner, Willich

Dieser Garten wurde in drei Etappen angelegt. Zunächst wurde das Grundkonzept mit einem Brunnenplatz und einem Wasserbecken am Wohnraum erstellt. Anschließend entstand am Gartenhaus, dem separaten Gebäude zum Feiern, ein Wassergarten, der hier vorgestellt wird. Das Gelände wurde mit deutlichen Höhenunterschieden modelliert, um der Teichlandschaft einen natürlichen Rahmen zu geben. Zusätzlich bieten die dicht bepflanzten Erdhügel notwendigen Sicht- und Schallschutz. Der Bauherr hatte auf seinen Geschäftsreisen nach Japan die fernöstlichen Gärten kennen- und schätzengelernt, weshalb einige Gestaltungselemente von dort übernommen werden sollten. Das sind im besonderen die verschiedenen Verwendungsarten von Wasser und Steinen sowie die Auswahl der Pflanzen. Zwischen den Bäumen wurde ein großer Seerosenteich mit Trittsteinen und Koikarpfen angelegt. Ergänzt wird das Bild durch eine Quelle mit Wasserfall und ein japanisches Wasserspiel, das in ein Bächlein mündet. Die Einrichtung des Gartenhauses tut ein übriges, um den Eindruck einer fernöstlichen Landschaft entstehen zu lassen.
Die vorerst letzte Phase umfaßt die Anlage eines Tennisplatzes unter Einbeziehung eines Steppengartens. Mit jeder Veränderung des Gartens haben sich die Kenntnisse der Bauherren von Pflanzen und naturhaften Zusammenhängen weiter entwickelt. Oft genug braucht nicht nur die Entwicklung eines Gartens seine Zeit, sondern auch die seiner Bewohner.

Teichdichtung: Asphaltmastix auf dem Unterbau von 8 cm starker Schicht Bitukies – wegen des Einbaus schwerer Steinbrocken.

Erneuerung eines verwilderten Gartens

Unten:
Der Blick über das Wasser zeigt die Brücke mit dem weißen Geländer, die zum Sitzplatz vor dem umgebauten Teehaus führt. Frauenmantel *(Alchemilla mollis)* **und Riesenchinaschilf** *(Miscanthus floridulus)* **dürfen fast uneingeschränkt wuchern.**

Zum Plan:
Klare Linien bestimmen das Konzept für den Garten auf dem Lande. Ein Sitzplatz am Haus, ein mittiger Weg zum Teehaus, der Teich, ein Rundweg. Maßstab 1:400

Rechts:
Von dem Sitzplatz am Teich genießt man den Blick in den ländlichen Garten und auf das Wohnhaus. Der Teich und die alten Obstbäume ergänzen sich harmonisch, und der vorübergehend aufgestellte Zaun im Hintergrund zum Schutz der Kinder, die noch nicht schwimmen können, stört kaum.

Entwurf: Gartenarchitekt Siegmund Behr, Celle

Eine Situation wie auf diesem Grundstück ist nicht selten anzutreffen: Haus und Garten sind in die Jahre gekommen und wechseln ihren Besitzer. Bei dem Fachwerkhaus gab es für die neuen Eigentümer keinen Zweifel, was zu tun war. Es wurde renoviert und sein ursprünglicher Zustand weitgehend wiederhergestellt. Beim Garten sah es anders aus. Im verwilderten Nutzgarten gab es nur einige alte Obstbäume und ein Gartenhäuschen, das früher als Hühnerstall gedient hatte.
Das neue Konzept sah eine andere Nutzung als Familien- und Erholungsgarten vor. Am Haus wurde eine große Terrasse geplant und Platz, wo die Kinder spielen können.

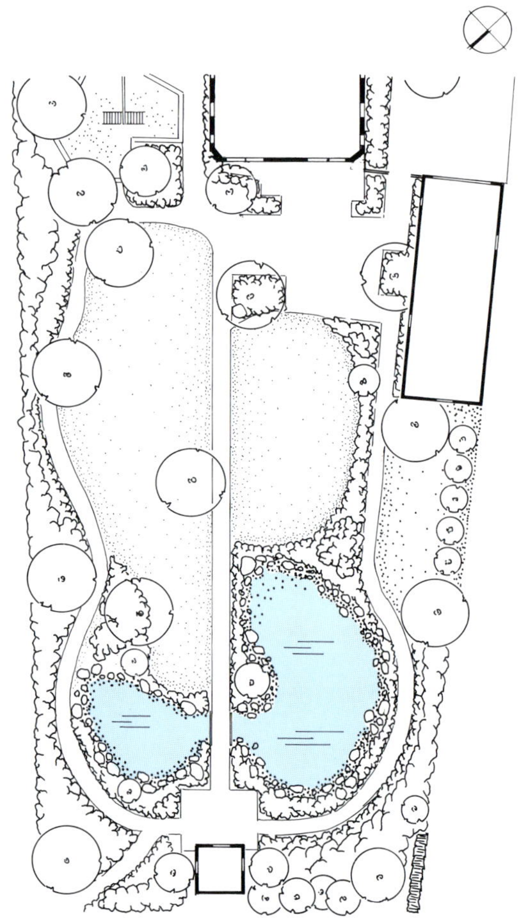

Im hinteren Teil des Gartens wird ein großer Teich mit einer Brücke angelegt. Sie führt zentral auf den ausgedienten Hühnerstall zu, der zu einem Teehaus mit einem Sitzplatz davor umgebaut werden soll. Die Gartenbesitzer waren von diesen Ideen spontan überzeugt und ließen das Konzept umsetzen. Umgeben von üppigem Grün und dem bis zu einem Meter tiefen Teich ist ein erholsamer Gartenwinkel entstanden, aus dem man einen herrlichen Blick auf Haus und Garten hat. Klinkerwege und die Holzbrücke verbinden diesen Platz mit den anderen Gartenteilen. Eine notwendige Vorsichtsmaßnahme: Solange das jüngste Kind noch nicht schwimmen kann, wird der Teich mit einem Zaun abgeschirmt. Aber es wird nicht mehr lange dauern, bis die Abtrennung entfernt werden kann und der Garten sein endgültiges Aussehen erhalten wird.

Teichdichtung: Teichfolie auf einer 10 cm starken Sandschicht
Teicheinfassung mit Rasenbordsteinen, in Beton gesetzt, über die die Folie gelegt wurde.

In dem Plan werden die Dimensionen und Gestaltungsideen deutlich: Die Terrasse vor dem Haus ist symmetrisch und klar angelegt, am Weiher löst sich ihre strenge Form auf. Der Teich ist Bestandteil des romantischen Naturgartens. Maßstab 1:900

Unten rechts:
In vornehmem Weiß sind die Terrassen gehalten, vor denen sich der große Weiher ausdehnt. Um die Harmonie nicht zu perfekt werden zu lassen, sind einige Kanten von Stufen und Mauern gebrochen.

Rechts:
Die Symmetrie und Gleichmäßigkeit des Hauses finden in der großzügigen Terrasse ihre Entsprechung. Im Gegensatz dazu hat der angrenzende Weiher eine natürliche Ufergestaltung erhalten.

Klassische Moderne

Entwurf: Landschaftsarchitekt Peter Neuberger, Fürstenfeldbruck

Die Villa aus der Zeit der Jahrhundertwende war im Zuge des Besitzerwechsels renoviert worden, die Gartenerneuerung sollte folgen. Lange Zeit war das etwa 10000 Quadratmeter große Grundstück als Hirschgehege genutzt worden. Entsprechend schlecht war der Zustand der Bäume.
Bei der Neugestaltung des Gartens – leider existierten weder alte Pläne noch Gestaltungselemente im Gelände – entschied sich der Landschaftsarchitekt für den klassischen Stil mit symmetrischen Wegeverbindungen. Die große mit Kristallmarmorplatten belegte Terrasse ist in der Symmetrieachse des Hauses auf zwei Ebenen angeordnet worden. Vor der

unteren liegt ein großer Weiher. Blickachsen sind hierbei ein grundsätzliches Gestaltungselement und verbinden den strengen und geordneten Gartenteil am Haus mit dem deutlich größeren, eher natürlich gehaltenen Grundstücksteil. Der Naturgartenbereich stellt nicht nur einen anregenden Kontrast dar, sondern kommt auch der ökologischen Verpflichtung nach, Lebensraum für Tier und Pflanze zu sein. Das Prinzip der Gegensätzlichkeit wird auch an anderer Stelle angewandt und findet Ausdruck in der Verfremdung historischer Gestaltungsformen: Bruchkanten in der Terrasse, den Mauern und Stufen und die Auflösung der Symmetrie in einigen Bereichen führen zur Gegenüberstellung klassischer mit freien Formen. Diese Art von Gartenarchitektur – das Infragestellen überlieferter Formen – ist als ein Teil unseres Zeitgeistes zu verstehen.

Teichdichtung: PVC-Folie, 1 mm
Terrasse: Kristallmarmor, 50/50
Einfassungsmauern, Säulen:
Beton Dyckerhoff weiß gesandet

Zum Plan:
Bei der Überarbeitung des Grundstücks für die Nutzung als Garten wurden natürliche, vornehmlich runde Formen gewählt: für die Terrasse am Haus, den Sitzplatz und den neuen Teich. Maßstab 1:500

Rechts:
Wie selbstverständlich fügt sich die halbrunde Teichform zwischen die Obstbäume und läuft in einen direkten Übergang zur großen Rasenfläche. Im Hintergrund ist das Wohnhaus zu erkennen, rechts der Sitzplatz.

Entwurf: Architekturbüro für Landschaft + Garten, Solingen

Träumen unter Bäumen

Die ehemalige Obstwiese war zunächst ein Fichtenwald. Das ist lange her. Nach einem Besitzerwechsel wurden Äpfel, Renekloden, Birnbäume, Eßkastanien und Pflaumen, aber auch Birken, Eichen und Eschen gepflanzt. Auch dies ist inzwischen 30 Jahre her. Nun kam das Grundstück wiederum in andere Hände, und damit sollte sich das Gelände der Landschaft öffnen und als Garten genutzt werden. Manche alten Obstgehölze muß-

ten gefällt, andere durch Jungpflanzen ersetzt werden.
Was in dem ebenen Garten fehlte, war eine Wasserfläche, die den weiten Landschaftscharakter des Niederrheins aufnehmen sollte. Es war nicht einfach, auf dem Grundstück den geeigneten Platz für einen großflächigen Teich zu finden, ohne dafür einen Baum opfern zu müssen. Es ergab sich eine langgestreckte, halbrunde Form, die sich in gebührendem Abstand um einen Birnbaum schmiegt und die in einem Kreis mit einem Durchmesser von mehr als fünf Metern endet. Auch wenn die Wasserfläche im Verhältnis zu der gesamten Grundstücksfläche bescheiden klein ist, gewinnt man einen ganz anderen Eindruck, wenn man durch den Garten geht: Es scheint hier Wasser in Hülle und Fülle zu geben. Ist dies die Folge der dynamischen Teichform? Auf jeden Fall ist die Täuschung gelungen.

Teichdichtung: 15 cm starke Betonschicht, wasserdicht

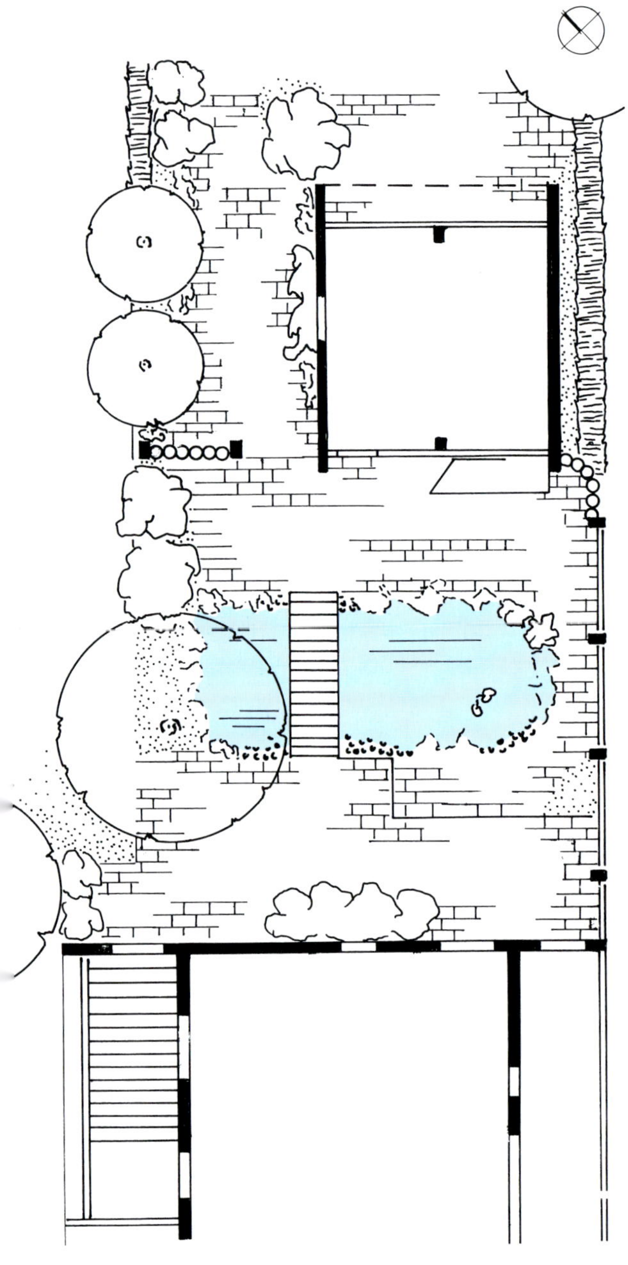

Der Plan zeigt nur einen Teil des langen Grundstücks, auf dem der Bereich zwischen Wohnhaus und Garage zu einem Innenhof mit Teich gestaltet wurde. Maßstab 1:200

Rechts:
Der rechteckige Teich läßt den Bereich zwischen den beiden Gebäuden zu einem attraktiven Gartenhof werden. Die Stufe unterbricht die Fläche und belebt ihre Struktur. Der Holzsteg verbindet die beiden Ufer.

Rechts unten:
Zwischen dem sonnig warmen Belag aus Klinkern wirkt der Teich, in dem Goldfische und Moderlieschen leben, geheimnisvoll und kühl. Die Randbepflanzung aus Stauden wie dem Blutweiderich *(Lythrum)* bildet einen liebenswürdigen Übergang.

Ohne Schnörkel

Entwurf: Architekt Klaus Rudloff, Norderstedt

Dieses Grundstück hat seine Probleme. Das größte: Es ist etwa 70 Meter lang. Wie nutzt man solche Länge? Indem man hintereinander baut. Und daran haben sich die Besitzer dieses Handtuch-Grundstücks gehalten: Zwischen der Straße und der zurückliegenden Garage haben sie eine breite Einfahrt und Stellfläche für weitere Autos vorgesehen. Fast 15 Meter hinter der Garage entstand das Wohnhaus mit der Terrasse zur Südwestseite. Jahrelang aber war der Freiraum zwischen Garage und Wohnhaus nichts als ein eintöniger Durchgang zum Hauseingang. Die zündende Idee war, in die Mitte einen Teich mit einem Holzsteg zu bauen.
Die große Fläche wurde mit sogenannten Neuenfelder Sielbauklinkern belegt. Ihr Vorteil: Sie waren preiswert, denn ihre Maße variieren, was schön rustikal wirkt, und ihre Oberfläche ist ein wenig rauh. Der Teich ist etwa zehn mal vier Meter groß. Mit 1,20 Meter ist er ungewöhnlich tief. Die meisten Teiche dieser Größe begnügen sich mit 80 bis 100 Zentimetern. Der Steg aus druckimprägniertem Kiefernholz ist auf zwei Bongossi-Holzbohlen befestigt, die auf gemauerten Pfosten aufliegen. Das ist eine dauerhafte, witterungsbeständige Lösung. Die Teichfolie wurde an der Seite so befestigt, daß sich ein schmaler Pflanzstreifen ergibt, auf dem sich Platz für Teichrand- und Sumpfpflanzen ergab. Mit Rollkiesel wurde die trennende Linie naturnah gestaltet.

Teichdichtung: Teichfolie

Zum Plan:
Sternförmig lösen sich die Holzstege von den weitausladenden Terrassen am Haus und führen über die Teichlandschaften mit der kunstvoll angelegten Insel auf den Rundweg. Maßstab 1:400

Rechts:
Vom Wohnhaus hat man einen schönen Blick über die Eisfläche in die verschneite Waldkulisse und auf den Gartenpavillon, in dem sich die Sauna befindet.

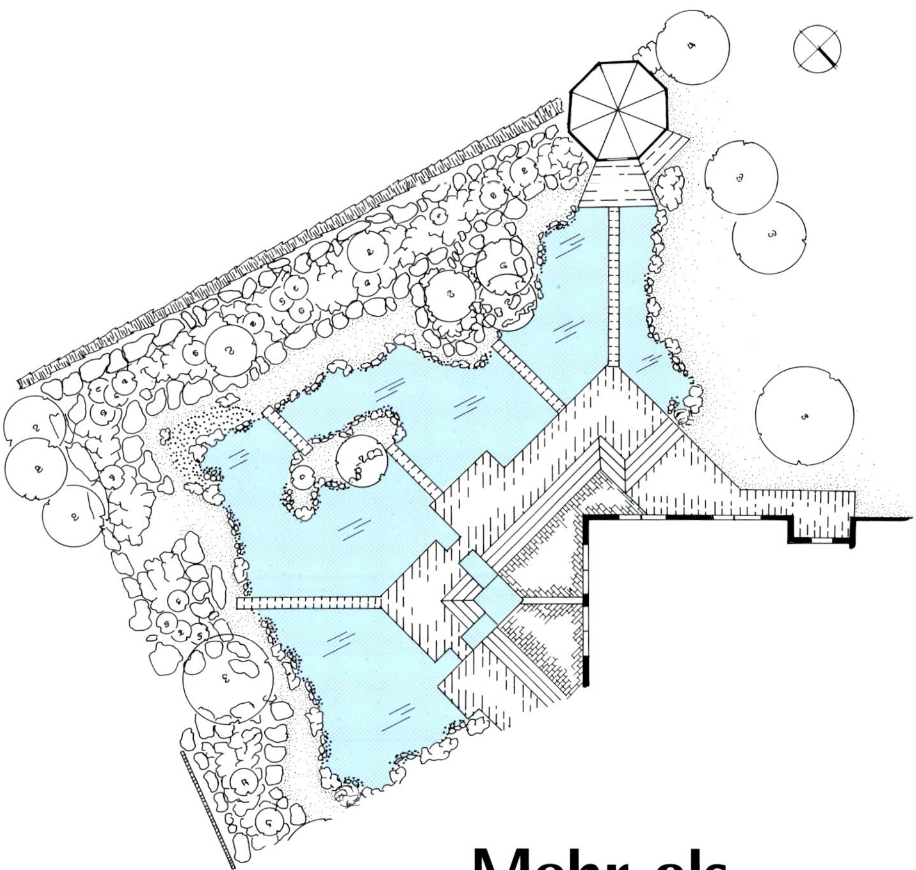

Mehr als ein Wintermärchen

Entwurf: Team Grün-Plan, Wehrheim

Zwei Grundstücke, seit 30 Jahren nur an Wochenenden genutzt, werden völlig erneuert und ergänzt. Das vorhandene Gebäude durfte nicht abgerissen werden, es sollte zum Atelier umgebaut werden, der Neubau in Holzständerbauweise als Wohnhaus dienen. Die Bepflanzung aus Birken und Douglasien wurde gelichtet. Um den großen Höhenunterschied des Geländes auszugleichen und eine nutzbare Garten- und Teichfläche zu erhalten, wurden bis zu vier Tonnen schwere Diabasfelsen aus einem nahegelegenen Steinbruch in zwei Reihen aufgestellt. Auf der Teichseite sind die Felsen zu zwei Dritteln ihrer Höhe in den Boden eingelassen und dienen als »Trittsteine«. Die Teiche sind als »begehbare« Wasserlandschaft konzipiert und über Holzstege und Trittsteine miteinander verbunden, woran vor allem Kinder ihren Spaß haben. Die Wasserflächen bestehen aus zwei in der Höhe gestaffelten Teichen. Der obere dient als Klärteich für die Abwässer der Dächer, Drainageleitungen und Entwässerungsrinnen. Das überschüssige Wasser rinnt in den unteren Teich, der als Badeteich und Tauchbecken nach dem Saunagang dient. Zusätzlich dient er der Entnahme von Wasser für die Gartenbewässerung und die WC-Spülung. Das Wasser in den Becken innerhalb der Terrasse am Haus wird mit einer elektrischen Pumpe umgewälzt und über Kupferschütten je zur Hälfte in die beiden Teiche abgeleitet.
In dem quadratischen Wasserbecken auf dem Niveau der Klinkerterrasse steht unter Wasser ein Kupferkessel (s Seite 87). Die darin installierte Umwälzpumpe läßt das Wasser nach beiden Seiten überlaufen. So entsteht ein Wechselspiel von gestaltetem Wasserkunstwerk mit naturnahen Teichen, in denen sogar eine Insel mit ihrem eigenständigen Biotop nicht fehlt. Und von welchem Garten läßt sich schon behaupten, daß er im Winter fast

am reizvollsten ist?
Teichdichtung: Auf eine 5 cm starke Schicht lehmigen Sand und ein Schutzvlies wurde die Teichfolie, 1 mm stark, verlegt, das Ufer mit Kokos- und Kunststoffkrallmatten ergänzt. Darauf im unteren Teich: 10-cm-Schicht lehmiger Sand und am Rand 30-cm-Schicht Teichaushub ohne Lehm- oder Humusanteil. Darauf 10 cm starke Schicht Diabasschotter, Körnung Ø 70 mm.

Im oberen Klärteich: Über Drainagerohre werden Abwässer in ein Betonrohr, Ø 100 cm abgeleitet, das mit Lavakörnung, 8/16 mm, gefüllt ist. Über eine spezielle Bepflanzung werden sie geklärt.

Die dünne Schneeschicht verwandelt die Teichlandschaft in ein romantisches Wintermärchen, in dem die Teichfläche immer wieder eine wichtige Rolle spielt.

Die vielen schmalen Holzstege verbinden Haus und Garten sehr geschickt. Sie stören die Großzügigkeit der Wasserlandschaft überhaupt nicht. Im Gegenteil: Sie locken die Bewohner und ihren Besuch nach draußen und laden dazu ein, über das Wasser auf das andere Ufer zu gehen und den Garten in seiner Vielseitigkeit und Natürlichkeit zu erleben.

Zwischen der Klinkerterrasse (Farbe: English blue) und der Stufenanlage mit Western-Red-Cedar-Belag liegt das quadratische Wasserbecken, aus dem das Wasser über Kupferschütten nach zwei Seiten überläuft. Auf der unteren Terrasse ragt eine mehrstämmige Aralie hervor.

Strenge Formen wechseln sich mit scheinbar purer Natur ab, wie dieser Blick beweist – über die Klinkerterrasse mit der Einlage aus Mosaikpflaster in Carrara-Marmor, die Holzterrasse und den Holzsteg zu der Wasserlandschaft mit vielen Steinen, Pflanzen und Fischen.

Viel Himmel und ein einladendes Badewasser bietet der große »Swimmingteich«. Der bepflanzte Bereich am Ufer ist von der Badezone, die sich vor dem Holzsteg ausbreitet, optisch nicht zu trennen. So wirkt das Ganze großzügig wie ein kleiner See (siehe nächste Seiten).

Es ist eigentlich das Natürlichste der Welt, im eigenen Teich zu baden, wenn er ausreichend groß und tief ist. Aber nur die wenigsten Gartenbesitzer haben den »Mut« dazu: Auf viele wirkt ungechlortes Badewasser schmutzig oder es ist ihnen zu kalt oder es wird als unangenehm empfunden, zwischen Pflanzen und Tieren zu schwimmen. Dennoch ist das Baden im Teich ganz im Trend: Man schwimmt im eigens hergerichteten Bade- oder Schwimmteich, der oftmals von einem »normalen« Teich äußerlich kaum zu unterscheiden ist und sich deshalb gut in die Gartenanlage einfügt. Hier bleibt das Wasser durch Pflanzenwuchs klar und ist viel wärmer, als man glaubt. Wie verschieden die Möglichkeiten sind, zeigen die folgenden Seiten.

Teiche zum Baden und Schwimmen

Unten:
Alles ganz natürlich: Die Trockenmauer, die vor Wind schützt und die Sonnenwärme speichert, der Plattenbelag für den Sitzplatz, der Holzsteg und der »Swimmingteich«. Seine Wassertemperatur steigt im Sommer bis auf 28 Grad.

Zum Plan:
Der großflächige »Swimmingteich« ist so angeordnet worden, daß er vom Haus und überall vom Garten gut zu sehen ist und viel Sonnenschein erhält. Der Teil zum Schwimmen macht etwa ein Drittel der gesamten Wasserfläche aus. Maßstab 1:700

Rechts:
Der Teich fügt sich harmonisch in die Obstwiese. Im Vordergrund ist die Trennung von Pflanzen- und Badezone deutlich zu erkennen. Der Badesteg wurde aus unbehandeltem Lärchenholz gebaut, das auf Punktfundamenten ruht.

Badeparadies hinterm Haus

Entwurf, Ausführung: Biotop Landschaftsgestaltung, Weidling, Österreich

Das reizvolle Burgenland im Südosten von Wien bietet großzügige Grundstücke mit naturnahem Bewuchs. Oftmals ist zwischen den privaten Anlagen und dem öffentlichen Grün kaum zu unterscheiden. Hier wird wenig gestaltet, um die Natürlichkeit nicht zu stark zu beeinträchtigen. Was war zu tun, als die Bauherren eines solchen Grundstücks sich einen Schwimmteich wünschten? Die gesamte Wasserfläche von etwa 200 Quadratmetern wurde am unteren Ende des Grundstücks in den leicht abfallenden Hang gefügt. Hier ist der natürlichste Standort, denn Wasser sammelt sich stets am tiefsten Punkt. Die Erde, die für den Teich ausgebaggert werden mußte, wurde gleich unterhalb aufgetragen und zum Abstützen des Teiches wiederverwendet. Der etwa 50 Quadratmeter große Badebereich erhielt eine Tiefe von zwei Metern. Er ist unter Wasser durch einen Erdwall von der flachen bepflanzten Uferzone getrennt. In der sogenannten Regenerationszone, in der die Sumpfpflanzen wachsen, wird das Wasser biologisch gereinigt, und außerdem erwärmt es sich hier schneller als im tieferen Bereich. Insgesamt wurden 25 Arten von Sumpf- und Wasserpflanzen in diese breite Uferzone gepflanzt.

Teichdichtung: gewebearmierte Teichfolie, 1,2 mm, auf Schutzvlies verlegt

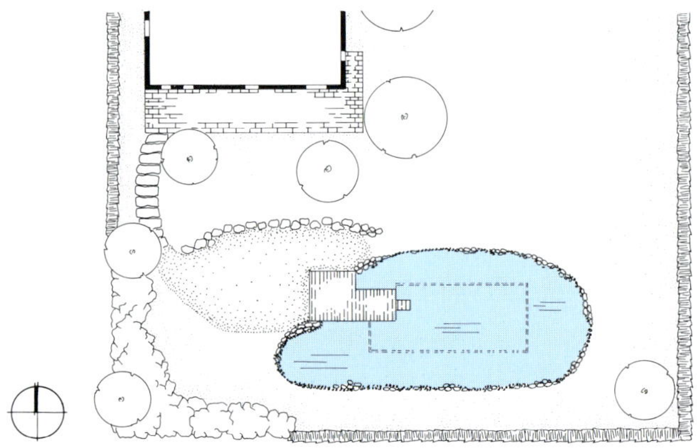

Unten:
Der Blick vom Haus zeigt – entlang des kleinen Rosengartens – unten am Hang den vor kurzem angelegten Badeteich. Die noch spärliche Bepflanzung muß sich erst entwickeln.

Rechts:
Fast nichts als Himmel erblicken die Badegäste, wenn sie in dem 11 x 8 Meter großen Badebereich schwimmen. Im Vordergrund ist der Einstieg mit der unter Wasser liegenden Plattform zu erkennen und hinter den Findlingssteinen die herrliche Kulisse der Stadt Graz.

Entwurf, Ausführung: Angelika Kern, Albin Gilma, Graz, Österreich

Freibad mit Fernblick

Es gibt Grundstücke, die die Antwort auf die Frage, wo ein Badeteich am besten angelegt werden soll, nicht leicht machen. Dieses Grundstück mit einem ziemlich steil abfallenden Hang, altem Obstbaumbestand und einer grandiosen Aussicht auf die Stadt ist so ein Fall. Zuerst wurde erwogen, direkt vor dem Wohnhaus einen kleineren Badeteich zu erstellen. Nach langen Diskussionen entschloß sich die Familie, die Größe des Grundstücks zu nutzen und einen ansehnlichen Badeteich in Hanglage zu errichten. Etwa 60 Meter vom Haus entfernt sollte die Badeoase entstehen. Als problematisch erwies sich die Verbindung zwischen dem Wohnbereich und dem Schwimmteich. Es wurde ein breiter Wiesenweg in Serpentinen angelegt, damit hier auch ein Rasenmähertraktor entlangfahren konnte. Am Teich wünschte der Bauherr sich ausdrücklich eine geradlinige Treppe. Die Teichform wurde aus der Böschung herausgebaggert, und der Böschungsfuß mit Wasserbausteinen abgestützt. Da die Fläche ausreichend groß war, konnte ein der Natur nachempfundener Teich mit einer Oberfläche von 420 Quadratmetern angelegt werden. Davon mißt der 2,10 Meter tiefe Schwimmbereich 11 x 8 Meter. Abgetrennt durch einen unter Wasser liegenden Erdwall geht er in die flache Zone mit Sumpf- und Wasserpflanzen über, die bis zu drei Meter breit ist.
In das Holzplateau wurde eine Duschmulde eingelassen wie auch ein 70 Zentimeter breiter Ein- und Ausstieg. Über vier Stufen erreicht man ein kleines im Wasser liegendes Plateau, das den Badespaß besonders bequem und vielseitig werden läßt.

Teichdichtung: 1,5 mm PVC-Teichfolie, auf eine Unterlage aus Sandschicht und Geovlies verlegt.
Holzterrasse: 3,5 cm starke druckimprägnierte Bretter

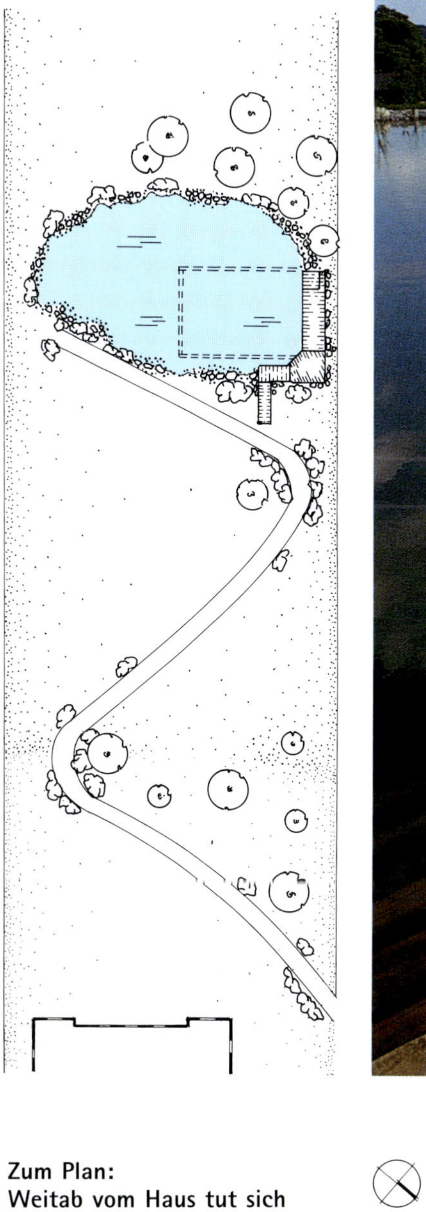

Zum Plan:
Weitab vom Haus tut sich eine herrliche, mehr als 400 Quadratmeter große Badelandschaft auf, die dank ihrer großen Distanz zum Wohnhaus wie eine eigenständige Ferienlandschaft wirkt. Der sportliche Bauherr geht hier bis in den Oktober zum Schwimmen. Maßstab 1:700

Zum Plan:
Das große Grundstück, das ohne trennenden Zaun in das nächste übergeht, wurde durch den großen Badeteich bereichert. Maßstab 1:600

Unten rechts:
Der Sitzplatz aus Lärchenholz lädt dazu ein, die »in der lebendigen Stille verborgene Harmonie«, so ein tragendes Motto der Entwerfer, in sich aufzunehmen. Sehr reizvoll wirkt die Eingliederung der Felsen in den Belag des Sitzplatzes, wobei das Holz ausgespart wurde.

Rechts:
Schwere Felssteine, die die vorhandenen in der Wiese optisch ergänzen, wurden als Blickfang und Ausguck in das Teichufer integriert.

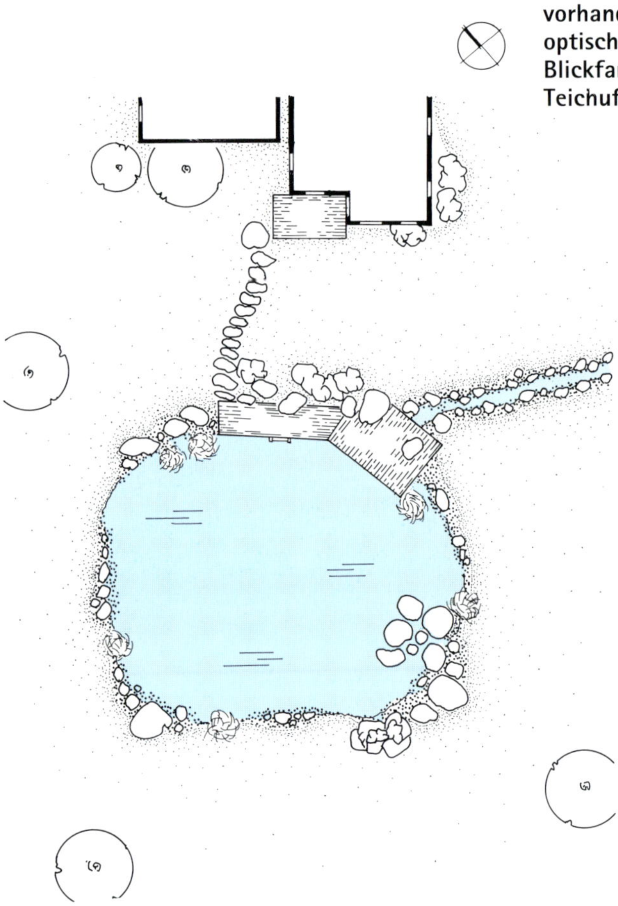

Baden auf der Alm

Entwurf, Ausführung: Inspired by Nature, München

Manche Grundstücke – und dazu zählt gewiß dieses – kann man kaum schöner gestalten, als sie von Natur aus sind. Leicht gewellte Wiesen, aus denen hier und da Felsen herausschauen und ein wunderbarer Ausblick auf die Bergwelt ringsum zählen mehr als die beste Planung. Allerdings wäre solch ein Grundstück ganz perfekt, wenn es darauf auch einen kleinen See zum Baden gäbe, der obendrein auch noch gut aussieht. Was also fehlte, ließ sich nachträglich hinzufügen, und zwar als Schwimmteich. Es bot sich ein Platz in einiger Entfernung vom Haus an, den man über ein paar Natursteinstufen erreichen kann. Damit die Natur möglichst unangetastet bleiben konnte, wurden die großen Felssteine in den Holzsitzplatz integriert, einige wurden zusätzlich in den Teich eingelassen. Der Teich erhielt eine ausreichende Tiefe und einen Einstieg zum Baden, und wenn im Sommer die Sonne lange genug scheint, erwärmt sich das frische Quellwasser und lockt zum erfrischenden Schwimmen. So wurde das erreicht, was sich die Entwerfer von jedem ihrer Gärten wünschen: Sie zu Freiräumen der Seele zu machen, in denen sich die vom Alltagstrubel erschöpften Sinne erholen können.

Teichdichtung: Teichfolie

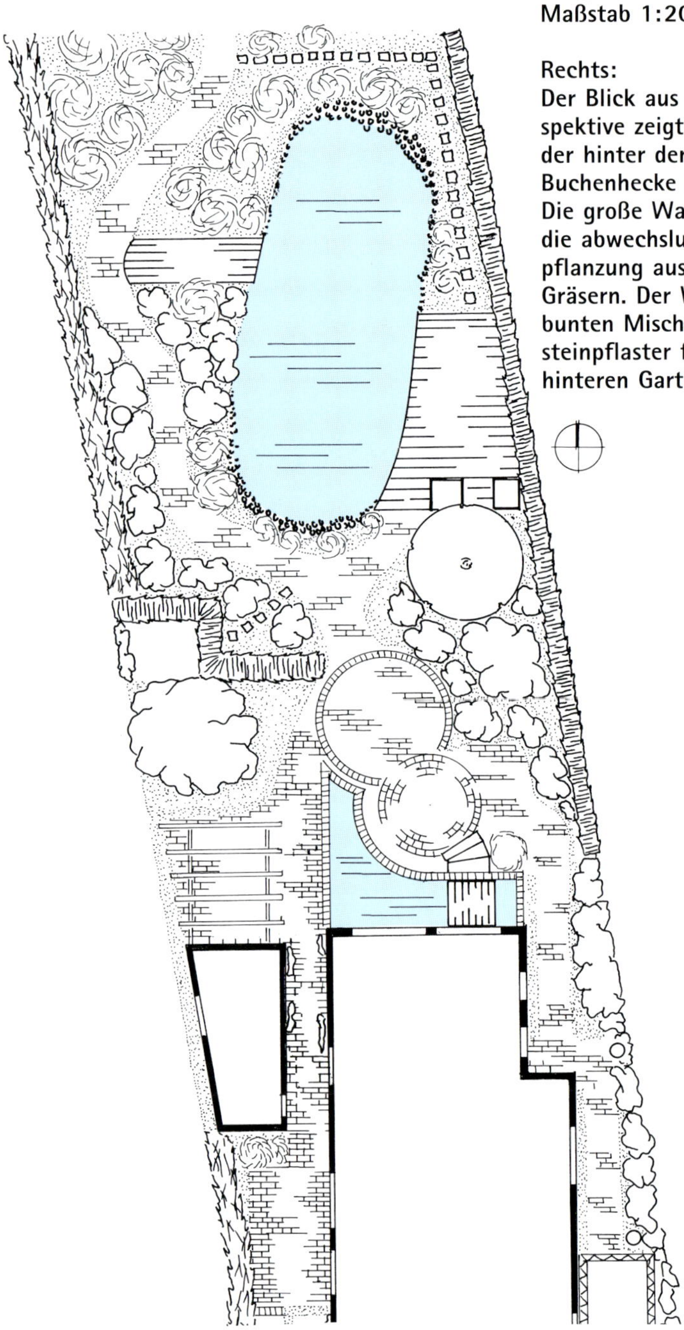

In dem Plan wird deutlich, wie sich der etwa 4,50 x 10 Meter große Schwimmteich in den Garten einfügt. Die Terrassen und Sitzflächen unterbrechen die großflächige Pflanzung. Maßstab 1:200

Rechts:
Der Blick aus der Vogelperspektive zeigt den Badegarten, der hinter der vorhandenen Buchenhecke (links) beginnt. Die große Wasserfläche öffnet die abwechslungsreiche Bepflanzung aus Stauden und Gräsern. Der Weg aus einer bunten Mischung von Natursteinpflaster führt in den hinteren Gartenbereich.

Swimmingpool: Ein schöner Ersatz fürs Freibad

Entwurf: Michael Müller, Bramsche

Bei allem Respekt für das Erbe – es kann nicht alles genauso erhalten werden, wie man es übernommen hat. Was aber ist erhaltenswert, worauf kann verzichtet werden? Vor dieser Entscheidung stehen immer wieder Menschen, die ein Grundstück von ihren Eltern übernehmen. Dem Besitzer dieses langgestreckten Gartens erging es nicht anders. Nachdem das alte Haus einen Wandel erlebt hatte, renoviert und aufgestockt worden war, sah er in dem Garten nichts als langweiligen Rasen. Die Lösung hieß: Ein Badeteich muß her. Die Realisierung erwies sich als kompliziert, denn der Boden mußte bis zu 1,50 Meter Tiefe von Hand ausgegraben werden. Erleichtert wurde die Arbeit durch die Tatsache, daß der Bauherr selbst Teilhaber einer Firma für Garten- und Landschaftsbau ist, die solche Arbeiten professionell übernimmt. Der Platz für die Terrasse mit dem Badehäuschen und der Dusche lag schnell fest: Auf der rechten Grundstücksseite gleich hinter dem vorhandenen Pflaumenbaum gab es den größten Raum dafür. In dem vorderen Häuschen ist die Filteranlage eingebaut. Wie bei einem »richtigen« Swimmingpool wird das Wasser von einem Skimmer angesaugt und durch die Filteranlage geleitet. Von hier aus wird das Wasser durch Sonnenkollektoren auf dem Schuppen geführt, bis es über ein paar Steine wieder in den Teich zurückplätschert. Das Badevergnügen hält den ganzen Sommer lang an – und im Winter ist der Teich eine begehrte Eisbahn.

Teichdichtung: Teichfolie, die ringsum am Rand mit 10 cm breiten Bongossiholzstreifen angeschraubt wird. Die Öffnungen in der Teichfolie, die durch die Schrauben entstehen, sind zugleich der Wasserüberlauf.

Frühsommer: Über das Wasserbecken am Haus geht es vorbei an den Rhododendren in den Badegarten. Vor der Hecke im Hintergrund dient ein Trompetenbaum *(Catalpa)* als Blickfang.

Von dem Abendsitzplatz hat man den schönsten Blick auf die eigentliche Badeterrasse mit den beiden Badehäuschen und einer Dusche dazwischen, das eine dient als Umkleidekabine, das andere verbirgt die Filteranlage, die das Wasser mit Sauerstoff anreichert.

Stilleben an dem schönen, aber noch seltenen Bambus *»Phyllostachys nigra«*: Hier fließt das gefilterte Wasser wieder zurück in den Badeteich.

Unten:
Die zurückhaltende Bepflanzung am Haus läßt den Blick auf den großen Teich frei: Unter den Essigbäumen wächst Gelbfelberich *(Lysimachia punctata)* **und vor dem Wintergarten Frauenmantel** *(Alchemilla mollis)*.

Zum Plan:
Die neue Gartenkonzeption konzentriert sich ganz auf den Badeteich von 380 Quadratmetern Wasserfläche. Die verbleibende Grundstücksfläche ist schlicht als Rasen angelegt. Maßstab 1:550

Rechts:
Sanft geht der Rasen in das bepflanzte Teichufer über, in dem naturnah ein Baumstamm vermodert. Vor dem Holzplateau ist das Floß, die Attraktion des Gartens, verankert. Im Hintergrund sind die geschwungenen Rasenhügel zu sehen.

Entwurf, Ausführung: Angelika Kern, Albin Gilma, Graz, Österreich

Mehr Spaß auf einem Floß

Dieser Planungsablauf ist nicht ungewöhnlich: Das Wohnhaus in einer alten Siedlung wurde modernisiert und dank eines angebauten Wintergartens attraktiver. Daraufhin sollte auch der Garten eine neue Gestalt annehmen. Die Idee, darin einen Schwimmteich zu integrieren, ergab sich durch die Existenz eines Baggerloches auf dem Grundstück und dem dringenden Wunsch der drei Kinder, im eigenen Garten baden zu können. Wenn der angrenzende Bach über seine Ufer tritt und den niedrig gelegenen Teil des Grundstücks überschwemmt, ist ohnehin viel Wasser auf dem Grundstück ...
Der Schwimmteich sollte nahe an der Terrasse liegen, damit die Kinder beim Baden bequem zu beobachten sind. Mit dem Erdaushub wurde das tieferliegende Gelände erhöht und zwei schön geschwungene Rasenhügel (angesät mit Spielplatzrasenmischung) angelegt, die leicht mit einem Motormäher gepflegt werden können. Der Teich ist 380 Qua-

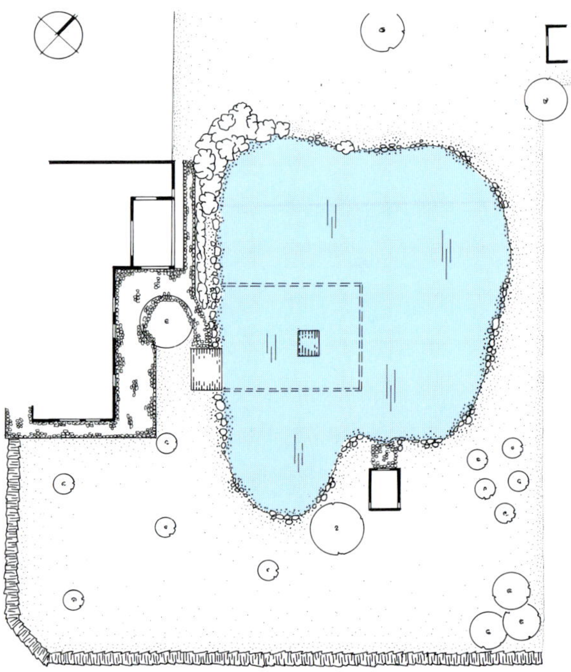

dratmeter groß. Der 11 x 8 Meter große Schwimmbereich ist durch einen Erdwall von der flachen Sumpf- und Regenerationsfläche abgetrennt. Damit auch die Erwachsenen hier gut schwimmen können, ist die Tiefe dieses Bereiches auf 2,30 Meter gelegt worden. Von der Terrasse am Haus und vom Wintergarten führt ein kleiner Weg zum Holzplateau mit der Einstiegsleiter. Zum Vergnügen der Kinder und ihrer vielen Freunde wurde ein 2 x 1,50 Meter großes Floß gebaut, das an einem Betonanker im Teich befestigt ist.

Teichdichtung: 1,0 mm PVC-Teichfolie auf Geovlies und Sandschicht

Zum Plan:
Die große Teichfläche, die zum Mittelpunkt der naturnahen Gestaltung geworden ist, bestimmt den hinteren Gartenbereich.
Maßstab 1:400

Rechts oben:
Die Betonwand, die den 12x5 Meter großen Badebereich von dem bepflanzten Teil trennt, ist hier deutlich erkennbar. Die Sumpfpflanzen in 30 verschiedenen Arten überspielen die Trennlinie dekorativ. Im Vordergrund geht die Bepflanzung in die Blumenwiese über. Im Hintergrund: Der Holzsteg und Sonnenplatz.

Rechts unten:
Der Holzsteg über den 170 Quadratmeter großen Teich lädt zum Sonnenbaden ein. Die Teichbepflanzung wurde auf das Ufer ringsum beschränkt, wo sich das Wasser auf angenehme Temperaturen erwärmt.

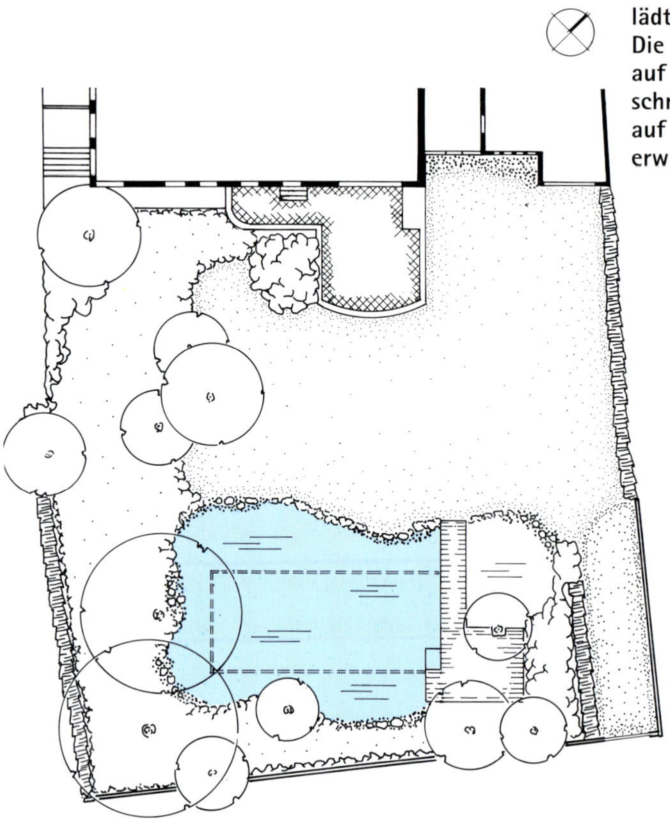

Badezentrum am Bahnhof

Entwurf, Ausführung: Biotop Landschaftsgestaltung, Weidling, Österreich

Das anspruchsvolle Anwesen besitzt einen Nachteil. Wenn man von dem schönen, umgebauten Haus in den Garten schaut, blickt man auf die nicht sehr attraktive, zweckorientierte Architektur eines Bahnhofsgebäudes. Bei der Umgestaltung des Gartens stand die Frage im Mittelpunkt, wie die neue Gartenanlage von diesem Anblick ablenken könnte. Die Idee: Hier sollte ein »Naturschutzgebiet« entstehen mit einem großen Badeteich darin. Dadurch ergibt sich ein belebender Kontrast zu dem eher eleganten Gartenstil unmittelbar am Haus. Den Bauherren war es wichtig, eine große Fichtengruppe etwa in der Mitte des Grundstücks zu erhalten. Sie schränkt den Rundumblick von der Terrasse auf den gesamten Garten ein, und das ist ein Vorteil, weil das Grundstück so interessanter bleibt. Die Lage des »Swimmingteiches« wurde von der Sonne und den Gegebenheiten des Gartens bestimmt. Am Ende des Grundstücks sollte der Badegarten entstehen, wobei hier alles geometrisch angelegt sein sollte, um einen erfrischenden Kontrapunkt zu der heimischen Bepflanzung zu setzen. Für die Badegäste wird der Teich durch einen Holzsteg erschlossen, wohin die Nachmittagssonne besonders lange scheint. Die gesamte Wasserfläche mißt 170 Quadratmeter; für den Badebereich allein bleiben 12x5 Meter. Zum Haus und Garten öffnet sich der Teich, und die Bepflanzung ist hier niedrig gehalten. Auf der rückwärtigen Seite zum Bahnhofsgelände ist alles naturnah bepflanzt. Hier gedeihen eine üppige Blumenwiese und dazu heimische Sträucher und Bäume, die den Blick auf den Bahnhof im Laufe der Zeit abschirmen werden.

Teichdichtung: Teichfolie, 1,2 mm, gewebearmiert, auf ein Schutzvlies verlegt; der Badebereich ist durch eine Stahlbetonwand (unter Wasser) abgeteilt.

Zum Plan:
Mitten im Vorgarten dehnt sich die große Wasserfläche des Schwimmteiches aus. Da das Gegenüber Ackerland ist, konnte die ungewöhnliche Lage gleich neben der Einfahrt als Wassergarten genutzt werden. Maßstab 1:300

Rechts oben:
Reizvoller Einstieg: Diese Holzkonstruktion mit Sonnendeck war erforderlich, um den Höhenunterschied von etwa 1,40 Metern zwischen der Terrasse am Haus und dem Teich zu überbrücken.

Rechts unten:
Gut gelöst: Trotz des großen Höhenunterschiedes gelangt man vom Haus direkt zum Wasser. Die Holzterrassen sind in die mit großen Findlingen befestigte Böschung eingefügt worden. Links davon entspringt der kleine Bach aus dem feineren Geröll. Hinter dem Rohrkolben *(Typha)* ist die Trennwand des Schwimmbereiches unter Wasser zu erkennen.

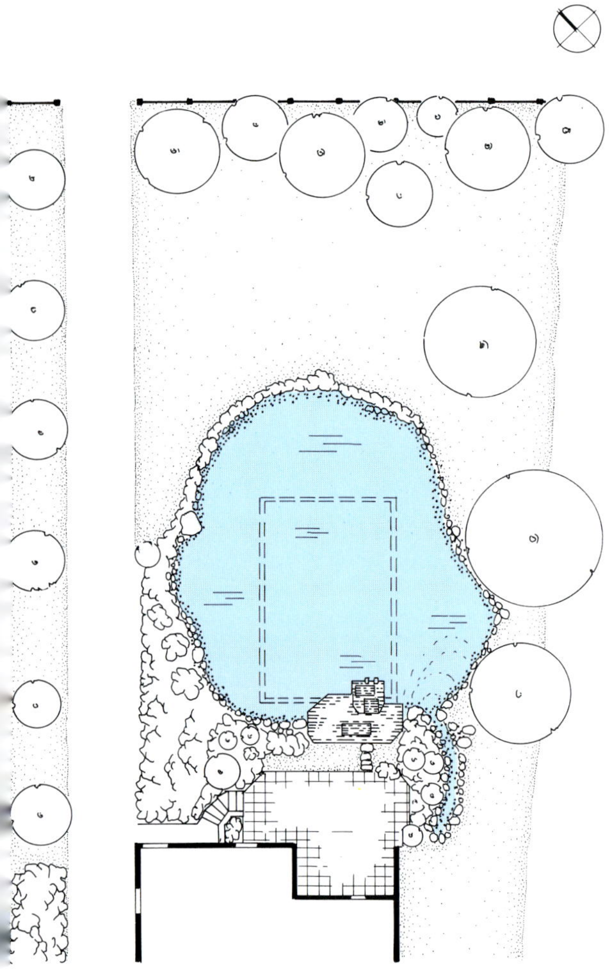

Feuchtbiotop im Vorgarten

Entwurf, Ausführung: Angelika Kern, Albin Gilma, Graz, Österreich

Dieser Schwimmteich wurde nach der Devise entwickelt: Wie macht man das Beste aus einem ungünstig gelegenen Garten? Das Einfamilienhaus aus den fünfziger Jahren steht auf einem langgestreckten Grundstück, fast 30 Meter von der Straße entfernt. Neben der Auffahrt liegt der nutzbare Gartenbereich mit einem Höhenunterschied von etwa 1,40 Metern bis zur Terrasse. Die steile Böschung ist mit Felsenmispel und Teppichwacholder überwuchert. Hier sollte der Teich mit einem direkten Zugang von der Terrasse zum Teich entstehen. Die gelungene Ausführung: Die Böschung wird durch Wasserbausteine (Findlinge) abgestützt. Die Holzterrassen werden zwischen die Steine integriert. Das obere, größere Sonnendeck liegt 32 Zentimeter unterhalb der Terrasse. Von hier aus führt eine schmale Treppe auf die untere Ebene. Von diesem Plateau springt man ins Wasser oder geht bequem über die Einstiegsleiter ins gar nicht kühle Naß. Von der gesamten Wasserfläche, das sind 120 Quadratmeter, ist fürs Schwimmen ein Bereich von 8 x 5 Metern bei 1,60 Meter Tiefe eingeplant worden. Der Schwimmbereich wird durch eine 25 Zentimeter starke Mauer, die auf eine Betonplatte aufgesetzt wurde, vom Rest abgeteilt. Die Mauer endet etwa 30 Zentimeter unter der Wasseroberfläche. Die daran anschließenden bepflanzten Regenerationsflächen, in denen sich das Wasser erwärmt und erneuert, sind zwischen 25 und 120 Zentimeter tief und laufen in unregelmäßigen Konturen aus. Zur akustischen und optischen Belebung entspringt neben der Terrasse ein angelegter Bach.

Teichdichtung: 1,2 mm gewebearmierte Teichfolie auf Polyfelt-Vlies und einer Sandschicht

Zum Plan:
Auf Rasen wurde ganz verzichtet. Statt dessen präsentiert sich der weitgeschwungene, langgestreckte Teich vor den Wohnräumen, läßt den Garten größer erscheinen, als er ist. Maßstab 1:500

Rechts oben:
Viel Wasser, das zum Baden lockt. Gerade zur Zeit der Rhododendronblüte ist der Teich besonders schön. Goldfische haben sich hier seit Jahren bewährt. Sie brauchen keinerlei Pflege, werden nicht gefüttert, vertilgen aber die Mückenlarven.

Rechts unten:
Pflanzen und Tiere gehen am und im Wasser eine Symbiose ein, wobei die Pflanzenauswahl nicht nur auf heimische Arten beschränkt blieb. Von dem schmalen Brückensteg läßt sich alles besser aus der Nähe betrachten.

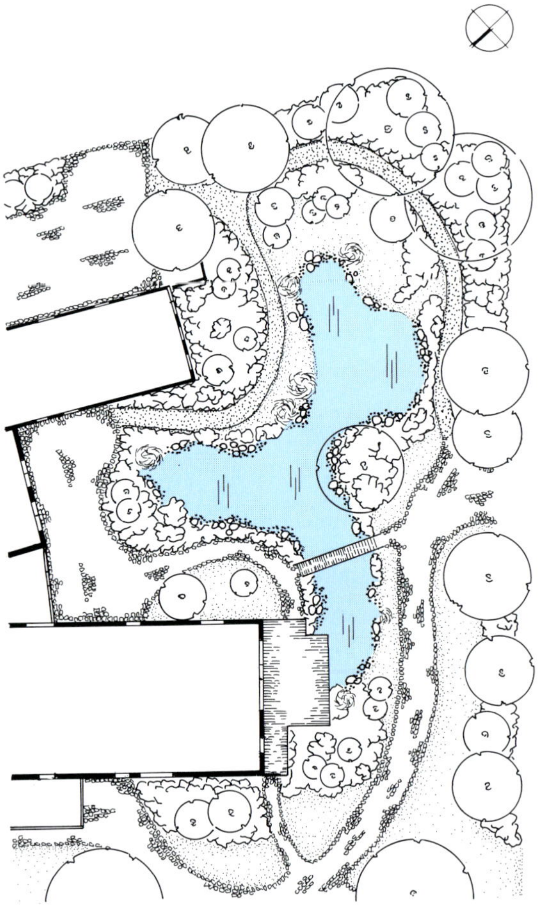

Zwischen Goldfischen und Seerosen baden gehen

Entwurf: Planungsbüro Horst Koehler, Pieter Schwarze, Krefeld

So verschieden wie die Häuser und ihre Fassaden sind, so unterschiedlich sind meist auch die dazugehörenden Gärten. Die Besitzer dieses großen Grundstücks ließen sich ein Wohnhaus in traditioneller niederrheinischer Bauweise errichten. Der Garten sollte gleichfalls traditionell sein und zwei Schwerpunkte enthalten: erstens einen großen Nutzgarten, in dem Obst und Gemüse biologisch-dynamisch angebaut werden und zweitens einen großen Teich, in dem man auch schwimmen kann. Auf Rasen wollten die Bauherren verzichten, da sie sich von Sträuchern, Stauden und Wasser mehr Naturerlebnis versprachen.
Für das junge Gemüse war schnell ein Platz gefunden, der etwas abseits der Wohnebene im Westteil des Grundstücks geplant wurde. Und der Teich? Der schlängelt sich durch denjenigen Gartenbereich, der sich vor dem U-förmigen Hausgrundriß öffnet. Wie in der Natur tritt das Wasser mal nahe an die Terrasse, dann löst es sich vom Haus. Es entsteht eine kleine Halbinsel, die den Blick verstellt und eine deutlich größere Wasseroberfläche vortäuscht. Fürs Baden ist kein besonderer Einstieg vorgesehen: Zum Schwimmen geht man entweder vom Holzsteg oder vom Sitzplatz aus in das bis zu 1,50 Meter tiefe Wasser. Als angenehme Geräuschkulisse und zur Sauerstoffanreicherung des Teiches wird das Wasser von einer elektrischen Pumpe umgewälzt und über einen Sprudelstein wieder zurück in den Teich geleitet.

Teichdichtung: 2 mm starke PE-Folie auf 10 cm starker Mörtelschicht

Zum Plan:
Der Grundriß des Hauses schmiegt sich gefühlvoll um den großen Gartenkomplex, in dem Wasser eine herausragende Rolle spielt: Die Proportionen sind spürbar auf die Architektur abgestimmt worden. Maßstab 1:350

Rechts:
Der Kontrast macht den Reiz des Gartens aus, der Gegensatz der architektonisch winkeligen Mauern und transparenten Holzwände zu dem naturgewachsenen Granitquader, aus dem Wasser hervorquillt, und den Pflanzen wie dem rotleuchtenden Schlitzahorn.

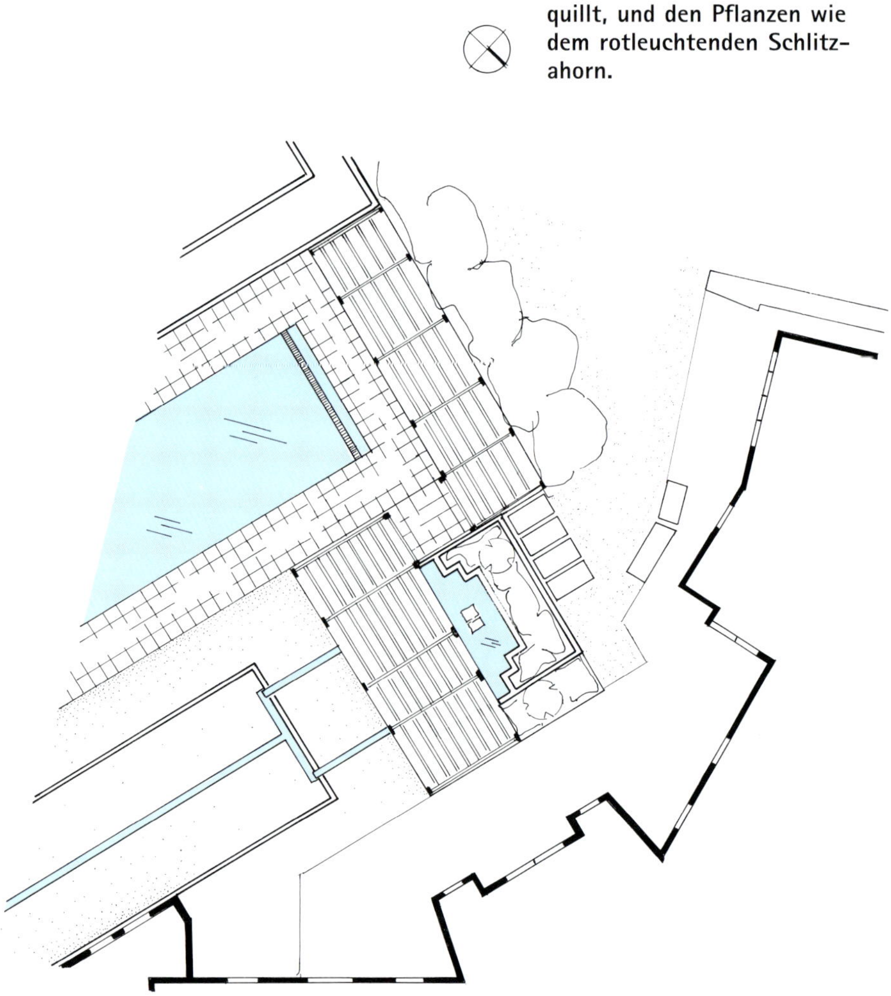

California Dream

Entwurf: Jack Chandler & Associates, Yountville, USA

Diesen Zwiespalt kennen viele Gartenplaner, die sich um eine gute Lösung bemühen, um ein Gebäude und den dazugehörenden Garten zu einer Einheit verschmelzen zu lassen: »Einerseits war es notwendig, die Architektursprache des Wohnhauses aufzunehmen, andererseits wollte ich meine eigene Präsenz deutlich machen.« Der kalifornische Landschaftsarchitekt steckte in einer Krise. Seine Aufgabe umfaßte die Überarbeitung des Gartens und insbesondere des vorhandenen Swimmingpools. Was konnte er tun? Die Hausbesitzer wünschten sich einen Garten, der einen geringen Pflegeaufwand erfordern, praktisch, gleichzeitig aber optisch reizvoll sein sollte. Nachdem Jack Chandler Klarheit gewonnen hatte, lieferte er ihnen genau das, was sie gewünscht hatten. Die kantige Architektur des Hauskomplexes (Architekt Mark Mack) wiederholt sich in dem gesamten Gartenentwurf. Zum Beispiel am Swimmingpool, der eine neue Umrandung und mehr Sitzflächen erhalten hat; auch die Pergolen, die in zwei voneinander getrennten Konstruktionen die Materialien und das Design des Balkons aufnehmen; dann die niedrige Mauer, die den Hintergrund für das Wasserbecken mit dem Granitbrunnen bildet. Oder ist die unterschiedliche Verwendung von Wasser das wichtigste Element des Gartens? Mal füllt es das Schwimmbecken und lädt verführerisch zum Baden ein, mal ist es eine raffiniert geführte schmale Wasserrinne im Rasen (der dekorative Überlauf des Wasserbeckens) und ein anderes Mal besonders attraktiv eine dezente Quelle, die einem gespaltenen Granitquader entspringt. Ganz wesentlich ist, daß sich das Farbkonzept des Hauses im Garten fortsetzt. Und gerade dies läßt den Eindruck ungewöhnlicher Harmonie von Haus und Garten entstehen.

Abdichtung aller Wasseranlagen: Beton

Die Wasseranlagen auf einen Blick (von links): Swimmingpool, Wasserbecken mit Granitquader und die kaum sichtbaren Wasserrinnen im Rasen. Das Farbkonzept für diesen Garten in Kalifornien kommt mit wenigen Komponenten aus. Die Schwerpunkte bilden warme Rottöne, die von kräftigem Grün unterstützt werden.

Unten:
Haus und Garten, wenn man diesen Bereich mit dem Sitzplatz und dem Swimmingpool so nennen kann, bilden eine architektonische Einheit: ästhetisch und funktionell.

Zum Plan:
Schlicht und überzeugend dehnt sich unterhalb der Stufenanlage die großräumige Terrassenfläche aus, in die der Swimmingpool (12 x 2,40 Meter) integriert ist.
Maßstab 1:350

Rechts:
Ein Blick zum Träumen: Das gut zwei Meter schmale und zwölf Meter lange Schwimmbecken, das geschickt in den Hang gebaut wurde und die Gartenfläche optisch erheblich vergrößert, hebt sich farblich dezent von dem Betonsitzplatz ab. Der anthrazitfarbene Anstrich der Poolwände speichert die Sonnenwärme und läßt das Wasser tief wirken.

Kleines Haus, großer Blick

Entwurf: Architekten Ross Anderson/ Frederic Schwartz, New York

Wenn ein Architekt ein Wohnhaus für seine Eltern entwerfen soll, steht er unter besonders hohem Erfolgsdruck. Für Ross Anderson schien der Auftrag allerdings kein Problem: Mit seinem klaren Konzept konnte er die Eltern rasch überzeugen. Die Bauaufgabe war ein Wohnhaus mit einem Swimmingpool auf einem Hanggrundstück in dem berühmten kalifornischen Weinanbaugebiet von Napa Valley. Das Haus sollte nicht zu wuchtig wirken, sich der Landschaft und den Schuppen und Ställen der Weinbauern unten im Tal anpassen. Das Ergebnis ist von zeitloser Schönheit, denn es prahlt keineswegs mit seinen Werten. Vielmehr überzeugt das Gebäude mit der vorgelagerten Terrasse in seiner Architektursprache. Damit die Symmetrie nicht allzu sehr ins Perfekte gerät, wurde sie draußen »aufgelöst«. Der Sitzplatz auf der Terrasse ist ein wenig seitlich angeordnet, was praktisch ist. Und der Pool wurde ganz aus der Blickachse gelegt – und zieht dadurch erst recht die Blicke auf sich. Raffiniert, wie dieses schmale Becken das stark abfallende Gelände nutzbar macht.
Teichdichtung: Stahlbeton

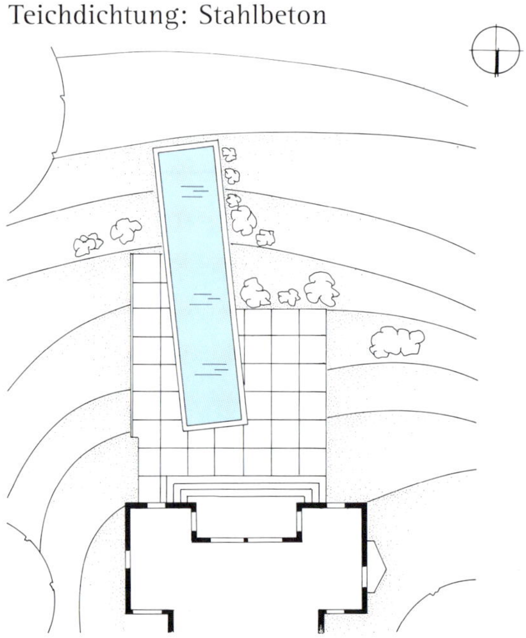

Die schönsten Gärten sind ein Teil des Himmels auf Erden, und dieser gehört bestimmt dazu – mit seiner Weite, seiner Eleganz und dem Swimmingpool, der sich vor der Terrasse ausdehnt, mit dem Blick auf das kalifornische Küstengebirge. Träumer sollen diesen Garten sogar bei entsprechender Phantasie als Sprungbrett in die Wolken sehen (Jack Chandler & Ass.).

Wenn man sich in seinen Träumen und Wunschvorstellungen einmal ganz einem Urlaubsideal hingibt, wenn man sich einen Ort vorstellt, an dem man unbeschwerte Ferientage verlebt hat oder wenn man etwas Zeit mit heiterem Nichtstun verleben möchte, sich sonnen, schwimmen oder erfrischen will – denkt man oft an einen Swimmingpool. Mit ihrer Eleganz und Leichtigkeit sind sie Mittelpunkt eines sorglos scheinenden Lebens.
Die Freude am Swimmingpool muß jedoch nicht unbedingt auf die stets zu kurze Urlaubszeit beschränkt sein. Dort wo das Grundstück Platz genug bietet und das Klima günstig ist, kann ein Swimmingpool das tägliche Leben im Garten bereichern und sogar Treffpunkt für sportlich engagierte Besucher sein.

Swimmingpools

Perfekte Gartenarchitektur auf amerikanisch: Hier kann das heitere Leben am Swimmingpool stattfinden. Es ist an alles gedacht, was das Auge erfreuen kann. Den Mittelpunkt bildet das gläserne Badehaus mit dem vorgelagerten Swimmingpool. In einem sanften Stufenablauf wurde der Whirlpool, der sogenannte Jacuzzi, links neben dem Sitzplatz eingebaut; die Anhöhe auf der rechten Seite wird durch weitläufige Stufen im Rasen aufgefangen (Jack Chandler & Ass.).

Rechts:
Zu einem Swimmingpool gehören auch Palmen; zumindest eine Phönixpalme wie in diesem ästhetisch klaren Garten an der Côte d'Azur, wo sie nur bizarre Kiefern als »Nachbarn« hat (Alain Capeillère).

Wenn das Klima eine ganzjährige Nutzung des Swimmingpools möglich macht, wird er im Mittelpunkt des Gartenlebens stehen und kann dann auch zentral angelegt werden. Hier, auf dem Anwesen in Florida, schmiegt er sich in den U-förmigen Gebäudekomplex, kann aus allen Räumen eingesehen werden und wird so zum Zentrum des Gartens. Gut gewählt ist die diagonale Verlegeart der Red-Cedar-Holzbretter. Sie vermittelt diesem »Badefreiraum« optisch mehr Weite.

Italienisches Flair läßt sich auch ins Rheinland bringen, wie in diesem Fall. Auf großen Natursteinplatten, die durch breite Rasenfugen voneinander getrennt sind, geht es zum Swimmingpool, dessen Ränder bepflanzt sind. Die dichte Hecke aus Kirschlorbeer trennt den Badegarten von dem übrigen Grundstück ab (Pietro Porcinai).

Dieser Swimmingpool aus den sechziger Jahren wurde nicht mehr genutzt. Das Wasser war zwar klar, aber die Kunststoffumrandung wirkte abweisend. Die Lösung: Das gesamte Wasserbecken wurde mit einem Gräting (wie auf einem Schiff) umrandet und dadurch zu einem wohltuenden Gartenraum, in dem man sich gerne aufhält und seine Runden schwimmt (Christian H. G. Wegener).

Wer sagt denn, daß ein Swimmingpool rechtwinklig sein und geradlinig verlaufen muß? Jack Chandler, der große kalifornische Verwandlungskünstler in Sachen Garten, zeigt auf diesem Grundstück, wie man einem Badegarten eine romantische und eher natürliche Seite abgewinnen kann, wenn nur genügend Platz und finanzielle Mittel zur Verfügung stehen.

Trotz schlichter Mittel wird die Wirkung nicht verfehlt: Zwei bis drei Stufen führen zum Swimmingpool, dessen Wandverkleidung das Wasser zu vornehmen Dunkelblau wandelt. Das dezent raschelnde Gras *Pennisetum setaceum*, eine verwandte Art unseres bekannten Federborstengrases, mildert die strenge Geometrie des Swimmingpools und des Sitzplatzes unter der Pergola (Jack Chandler & Ass.).

Ein quadratisches Becken, das mit einer feinen Stufe aus Klinkern abgesetzt und eingefaßt wurde, gibt dem Rasenteil des Gartens eine vornehme Nuance. Je zwei symmetrisch angeordnete immergrüne Buchsbaumkugeln betonen die optische Achse und Verbindung zu der Sitzbank vor der Eibenhecke (U. u. H. Timm).

In den letzten Jahren sind sie zu Recht in Verruf geraten. Der Grund ist naheliegend: Allzuoft wurden Wasserbecken unsensibel in Gärten plaziert. Dabei sind sie ein wunderbares Stilmittel, um die Gestalt eines Gartens zu prägen. Es ist allerdings ratsam, sich auf traditionell erprobte Ausgewogenheit zu besinnen, Formen zu wählen, die dem Auge guttun. Von Experimenten in gestalterischer Hinsicht sollte man Abstand nehmen, weil sie – wenn überhaupt – nur kurzlebigen Erfolg versprechen. Quadratische, rechteckige oder runde Formen bieten nach wie vor eine Fülle von Möglichkeiten der Gestaltung. Und auf der Suche nach der am besten geeigneten Form und bei der Wahl der Materialien für die Wände und die Abdeckung eines Wasserbeckens lohnt sich der Blick auf das Haus und in den Garten. Architektur spricht eine deutliche Sprache und sollte sich in einem Wasserbecken fortsetzen.

Die schönsten Wasserbecken

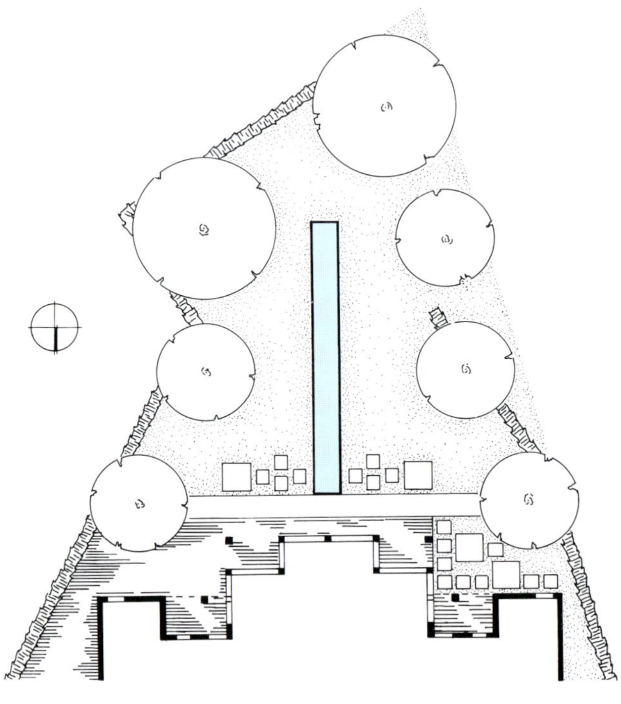

Zum Plan:
Weniger kann mehr sein, wenn es so kraftvoll die Gartenarchitektur bestimmt wie in diesem Garten. Der lange Wassertisch verlängert die zentrale Hausachse in den Garten, der nur mit vereinzelten Sträuchern bepflanzt ist (Rheims & Partner).
Maßstab 1:400

Ein symmetrischer, raffiniert ausgedachter Wassertisch als Blickfang im Garten – und als Ersatz für eine größere Wasserlandschaft, da die Eltern in einem geplanten Teich eine Unfallgefahr für ihre Kinder sahen. Der gut 14 Meter lange und 1,5 Meter breite Wassertisch besteht aus einem schwarz lackierten Stahlkörper, der um 40 Zentimeter über den Rasen hinausragt. Das Wasser fließt gleichmäßig über die Kante bis fast auf den Boden und überzieht die Stahlkonstruktion wie ein Tafeltuch. Im Boden des Wassertisches wird das Wasser wieder in den Umlauf gepumpt. Ein Behälter mit einem Kubikmeter Fassungsvermögen dient als Ausgleichsgefäß (Rheims & Partner).

Unten:
Das flache Becken, das von einem Stahlband gefaßt und von einem schmalen Streifen Dachwurz umgeben ist, bildet die Basis für mobile Kunst. Die drei »Viertelkugeln« aus schwarzem Granit (Max Bill) schweben elegant über dem flachen Wasser (Ivan Ruperti).

Rechts:
Wie ein Rückgrat nimmt der mittige Betonweg die Symmetrieachse des Hauses auf und führt durch den Garten entlang des Wasserbeckens auf den Sitzplatz aus großen Basaltplatten (vorne). Die Strenge der Planung wird von einem Granitplattenweg durchbrochen, der sich um diese Achse schlängelt und auch das Wasserbecken – mit schwarzweißem Splittermosaik ausgelegt – begrenzt (Stephan Becsei).

Das große runde Wasserbecken, ein Pavillon als Blickfang und einladender Ort, das weiße Spalier. Alles ist harmonisch zusammengeführt und ergänzt sich gut – fast wie in einem schönen Park (Gies).

Wasser und Buchsbaum können im Wettstreit stehen, wenn sie wie hier in geometrische Formen gefügt werden. So zeigen die rechteckigen Wasserbecken und die in verschiedenen Höhen geschnittenen Buchsbaumbeete neue Möglichkeiten der Gartenarchitektur (Deroose).

Klare Formen und Farben sind oft das beste Rezept für die Anlage eines Gartens; nicht nur in diesem auf Ibiza, in dem das Wasserbecken sehr elegant gefaßt ist – auf der Vorderseite mit roten Platten und hinten mit bodendeckendem Grün.

Zwei Wasserbecken, die hintereinander angelegt eine großzügige Achse ergeben, überzeugen durch ihre Konsequenz. Lady Florence Phillips plante diesen Garten in ihrem herrlichen Anwesen Vergelegen unweit von Kapstadt, Südafrika.

Wie nutzt man den winkeligen Grenzverlauf eines Grundstücks? Zum Beispiel mit einem Wassergarten. Dieser besteht aus einem bepflanzten Wasserbecken und einem Holzsteg, der auf eine weiße Bank zuführt (A. Bösterling, Konstanz).

Frisches Grundwasser fließt aus dem Löwenkopf in den gemauerten Brunnen aus handgeformten Klinkersteinen, der sich als ein traditionelles Stück Gartenarchitektur in der Anlage behauptet. Von hier aus rinnt das Wasser in den großen Badeteich, der aus einem ehemaligen Schwimmbecken gebaut worden ist.

Stille Wasser müssen nicht tief sein. Hier wirkt es als ruhige, klare Fläche zwischen den bemoosten Klinkermauern und -wegen und ist Mittelpunkt des großen Sitzplatzes (Groenewegen).

Rechts:
Dieser Ausschnitt aus dem »Harpers & Queen'-Classic Garden« der Chelsea Flower Show, London, zeigt Stilelemente der französischen Gartenkultur des 18. Jahrhunderts, die auch heutige Gärten zieren würden. Die Formen des Laubengangs und die Ruhe des Wasserkanals sind klassisch und deshalb zeitlos schön (Clifton Landscape & Design).

Wie gestrandet wirkt das langgestreckte Boot im Wasser, dessen Bug etwas höher aus dem Wasser ragt. Aus der Nähe betrachtet, erkennt man, daß es aus Beton gegossen ist. Es ruht auf frostfreiem Fundament. Die Bootswände sind großflächig geschlitzt, um den Wasseraustausch zwischen Teich und dem Betonboot zu garantieren (Architekt: Bernhard Hafner, Künstler: Fedo Ertl, beide Graz).

Wasser, Steine und das Grün von Rasen und Bambus: mehr braucht dieser Garten nicht, um interessant zu sein. Vor allem die Wasseroberfläche in den flachen Stahlbecken verleiht dem Garten Tiefe, wirkt im Kontrast zu den Kieselsteinen anziehend und spiegelt die Umgebung reizvoll wider (Sven Kierkegaard).

Oben und unten:
Symmetrie ist das Thema dieses Gartenbereiches vor dem Wintergarten. Spiegelbildlich und elegant dehnen sich die beiden Wasserbecken vor dem Glasanbau mit den efeuüberwucherten Pergolen aus und begleiten den breiten Kiesweg zum Sitzplatz. Die Beckenränder sind mit Blei überzogen – ganz in der schönen alten Tradition (Marcel Wolterinck).

Die Kulisse aus alten Eiben, die der deutsche Landschaftsarchitekt J. P. Posth vor etwa 200 Jahren am holländischen Huis Bingerden pflanzte, ließ einen schönen Gartenraum entstehen. Ideal für ein Wasserbecken, dessen Einfassung von Efeu und Frauenmantel umspielt wird (S. E. van Weede).

Planen und Anlegen

Das Beste ist das Wasser

Die besten Vorbilder bietet die Natur selbst. Es gibt viele natürliche Gewässer, an denen der richtige Standort, die Proportionen, die Vielfalt ökologischer Nischen und die Bepflanzung abzulesen sind. Die stehenden Gewässer sind meist in einer Vertiefung des Geländes oder einer Senke mit undurchlässiger Tonschicht entstanden. Ein Tümpel ist das kleinste natürliche Gewässer, bei dessen niedriger Tiefe das Sonnenlicht bis auf den Grund scheint. Die rasche Erwärmung des Wassers im Frühjahr begünstigt den Pflanzenwuchs und das Ablaichen etlicher Amphibien. Nicht ungewöhnlich ist es, wenn das Wasser im Sommer völlig austrocknet. Der Weiher ist ein größeres Gewässer, in dem Pflanzenwuchs bis auf seine Sohle von bis zu zwei Metern Tiefe zu erkennen ist. Und als See bezeichnet man die großen, stehenden Binnengewässer, die sich meist nach der letzten Eiszeit vor etwa 15000 Jahren gebildet haben. In ihrer lichtlosen Tiefe liegt die Wassertemperatur konstant bei etwa vier Grad. Bleibt der Bachlauf zu erwähnen, an dem man seine Strömung und Wasserführung, die Windungen und Uferbepflanzung beobachten kann.

Die richtige Wahl

Der Teich im Garten kommt der Nachbildung eines Weihers sehr nahe: ein künstlich angelegtes Gewässer mit einer durchschnittlichen Tiefe von 0,60 bis 1,20 Meter bei gleichmäßigem oder regulierbarem Wasserstand.

Naturteich

Wenn er gut gelungen ist, wirkt er wie ein Stück purer Natur inmitten eines Gartens. Das von Menschenhand gestaltete Ufer, das mit Lehm, Sand und Steinen weitgehend den Vorbildern in der freien Natur entspricht, erlaubt das Pflanzen heimischer Gewächse in der Sumpfzone und im Flachwasserbereich. Und die Fauna ergibt sich ohne fremdes Zutun. An Stelle von Goldfischen beleben Kaulquappen und Fischegel, Kolbenwasserkäfer, Gelbrandkäferlarve und der Furchenschwimmer das Teichwasser. Manchmal tauchen sogar Fische auf. Die Ursache: Die klebrigen Fischeier haften im Gefieder oder an den Beinen von Wasservögeln. Wenn sie wie die Enten beim Besuch auf dem Teich wassern, werden die Eier abgestreift, und es dauert nicht lange, bis die ersten Stichlinge oder Bitterlinge auszumachen sind.

Zierfischteich

Ein Wasser mit leuchtenden Goldfischen ist für viele der Inbegriff eines Gartenteiches. Doch im Gegensatz zu einem natürlichen See, in dem Raub- und Friedfische (fressen die Wasserflöhe, die Filtratoren des pflanzlichen Planktons, der Algen) in einem ausgewogenen Verhältnis existieren, läßt sich die Vermehrung der Fische hier kaum kontrollieren. Durch Zufüttern wird das Wasser zu nährstoffreich und leidet zunehmend unter Sauerstoffmangel. Es wird trübe, was zur Folge hat, daß elektrische Umwälz- und Belüftungspumpen für eine ausreichende Versorgung mit Sauerstoff eingesetzt werden müssen. Eine wirksame Begrenzung der Population kann durch das Unterlassen der Fütterung erzielt werden oder durch Besatz mit einem Hecht.

Aus der Praxis: Details und Schnitte

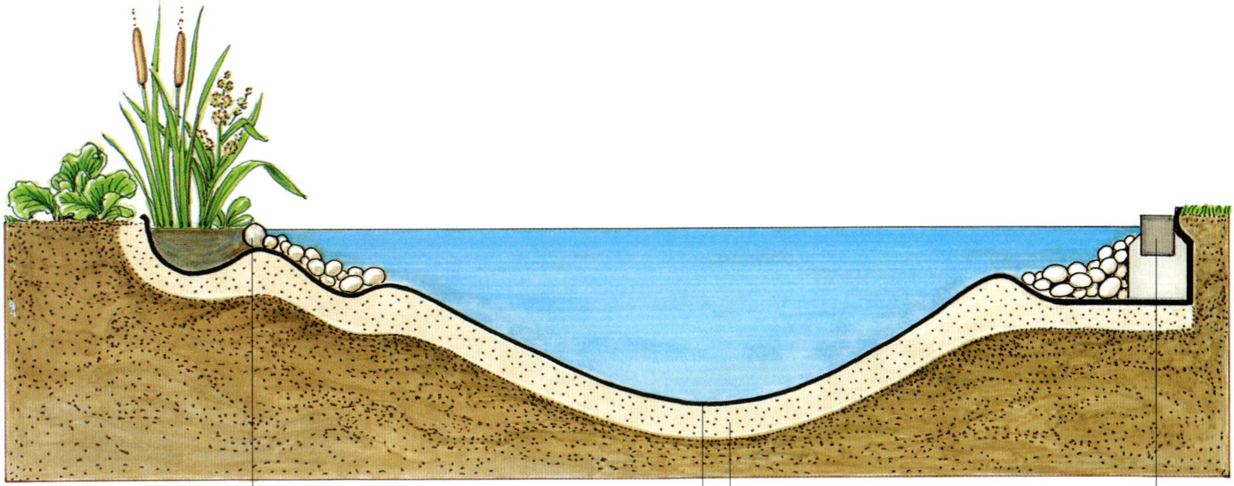

Der Querschnitt zeigt den richtigen Verlauf einer Teichsohle. An den Seiten wurden mit Hilfe von Bermen der Boden abgestuft und Vertiefungen gebildet. Sie sind entweder mit Substrat gefüllt und bepflanzt oder mit Kies bedeckt. Der Teichboden ist mit einer Sandschicht abgedeckt, auf die die Teichfolie gelegt wurde. Links trennt die Folie den Teichbereich von der trockenen Uferzone. Rechts: Das Ufer wird durch einen Granitstein, der in eine Betonstütze verlegt wurde, begrenzt (Detail zu Seite 36).

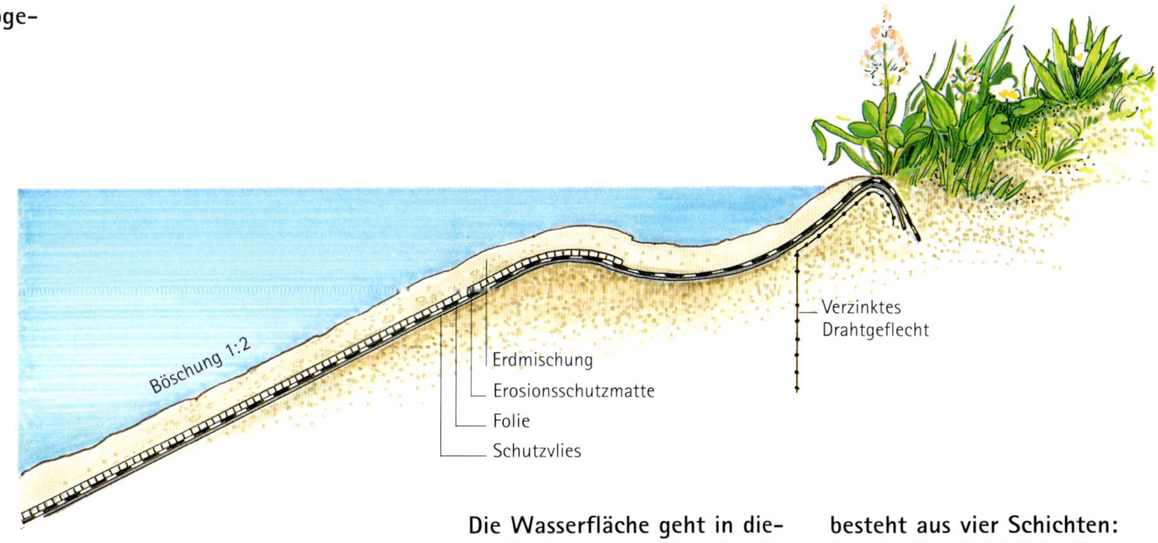

Die Wasserfläche geht in dieser Teichanlage optisch in die Bepflanzung außerhalb des Teiches über. Ein Drahtgeflecht schützt die Teichfolie vor Beschädigung durch Wühlmäuse. Die Teichsohle besteht aus vier Schichten: Schutzvlies, Teichfolie, Erosionsschutzmatte und einer etwa 20 cm starken Mischung aus Teichaushub und Sand-Kiesgemisch zu gleichen Teilen (Detail zu Seite 60).

Waldteich

Ein Teich im Schatten von Bäumen kann seine Reize haben, wenn das Sonnenlicht sanft durch die Baumkronen auf das Wasser scheint (siehe Seite 18). Allerdings halten sich im Dauerschatten, wo sich das Wasser kaum erwärmt, nur die wenigsten Blütenpflanzen. Hinzu kommt, daß sich der Teichboden im Laufe der Zeit durch herabfallendes Laub füllt, es sei denn, man verhindert dies mit Netzen, die im Herbst aufgespannt werden. Am Teichufer entsteht, wenn das Wasser nicht zu kalt ist, eine artenreiche Lebensgemeinschaft, zu der Amphibien wie Grasfrosch, Kröte, Molch oder Wasserkäfer ebenso gehören wie die heimischen Kleinfische Elritze, Grundel und Moderlieschen.

Japanteich

Im Land der aufgehenden Sonne wird Wasser als wichtiges Gestaltungselement im Garten eingesetzt. Die ruhige Teichfläche steht dabei im Kontrast zu dem mit wuchtigen Steinen befestigten Ufer, einem Bach oder Wasserfall, einer lebhaften Bodenbewegung, zu kleinen Hügeln oder geformten Sträuchern und Bäumen. Diese spannungsvolle Art der Gestaltung findet auch in unseren Breiten immer mehr Anhänger (siehe Seiten 20, 24, 30, 56, 68).

Badeteich und Schwimmteich

Für manchen Gartenbesitzer wird der Swimmingpool zur teuren Last und außerdem zu selten benutzt, um die hohen Energiekosten für die Beheizung zu rechtfertigen. Das meist rechteckige Schwimmbad wird deshalb zu einem Fremdkörper im Garten. Warum ihn nicht in einen naturnahen Badeteich umwandeln? Die Idee ist verblüffend: Die Wände werden um etwa 50 cm abgetragen, und dann kann das Becken für die Ansprüche der jeweiligen Wasser- und Sumpfpflanzen in verschiedene Bereiche geteilt werden. Zur Abdichtung wird eine Teichfolie mit unterlegtem Geovlies verwendet (zum Schutz der Folie vor scharfen Kanten). Wie die Beispiele zeigen (ab Seite 88), kann ein Badeteich mehrere hundert Quadratmeter groß sein und wie ein naturnaher Teich wirken. Das Prinzip ist denkbar einfach: Zunächst wird ein etwa zwei Meter tiefer, nicht bepflanzter Schwimm- und Badeteich aus Betonwänden (wie denen eines umgebauten Swimmingpools) oder einem Erdwall unter der Wasseroberfläche abgetrennt. Der angrenzende, flach ansteigende Uferbereich wird mit seiner Bepflanzung zur Regenerierung, aber auch zur Erwärmung des Wassers genutzt.

Bachlauf

Um Wasser im Garten lebendiger zu gestalten oder zwei Teiche miteinander zu verbinden, ist ein Bach, vielleicht sogar in Verbindung mit einer Quelle oder einem Wasserfall, ein attraktives Element. Die Voraussetzungen dafür sind auf den meisten Grundstücken günstig. Ein geringer Höhenunterschied auf dem Gelände reicht aus, um für das notwendige Gefälle von mindestens einem Prozent (das heißt ein Zentimeter pro Meter) zu sorgen. Aber auch dort, wo das Grundstück ganz eben ist, braucht man nicht auf den Bach oder eine Quelle zu verzichten, wenn der Höhenunterschied aus Steinen künstlich geschaffen wird.
Bewegtes, fließendes Wasser besitzt sehr unterschiedliche Ausdrucksformen, die bei einer künstlich geschaffenen Anlage im Garten variiert werden können. Mit dem Gefälle wird das Fließtempo des Wassers bestimmt. Bäche und Flüsse, die sich in freier Natur gemächlich dahinbewegen, haben oft nur ein halbes Prozent Gefälle. Im Garten dagegen ist es schöner, wenn der Bach etwas schneller fließt. Hier hat sich ein Gefälle zwischen einem und acht Prozent bewährt.
Der Reiz eines Bachlaufes liegt im Wechsel seiner Strömungsgeschwindigkeit, in seiner Breite, seiner Tiefe und nicht zu vergessen seiner typischen Bepflanzung. Gleich nach der Quelle kann das Gewässer durch ein enges Bachbett fließen, kann danach zu einem kleinen See gestaut werden, um sich über einen Wasserfall mit einem deutlichen Niveauunterschied in den Teich zu ergießen oder weiter als Bachlauf seinen Weg zu nehmen. Mal ist das Ufer mit Kies und größeren Steinen gestaltet, mal wachsen Sumpfgewächse bis ins Wasser. Attraktiv und dabei ganz natürlich kann es wirken, wenn in einem größeren Garten der Bachlauf durch eine

Der Uferrand ist so breit ausgemuldet worden, daß hier Sumpfpflanzen gedeihen können. Auf dem Boden des etwa 1,50 Meter tiefen Teiches stehen Seerosen in Gefäßen (Detail zu Seite 60).

Wenn ein Klinkerweg bis ans Ufer führen soll, werden die Steine in einer Rollschicht auf ein Betonfundament verlegt. Die Teichfolie wird hinter der Steinschicht nach oben geführt.

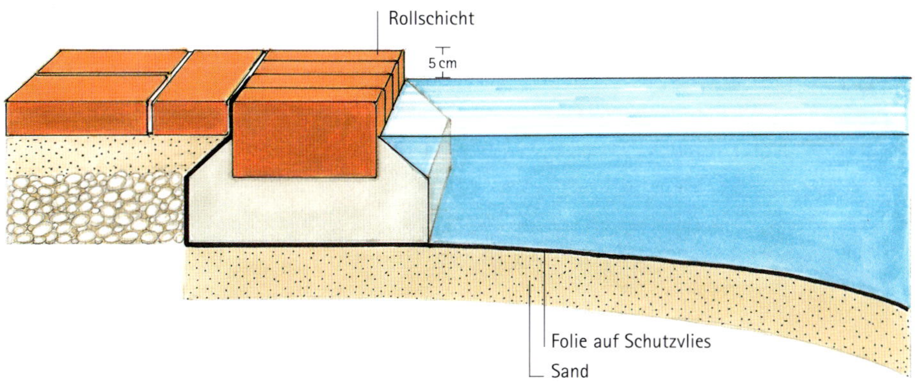

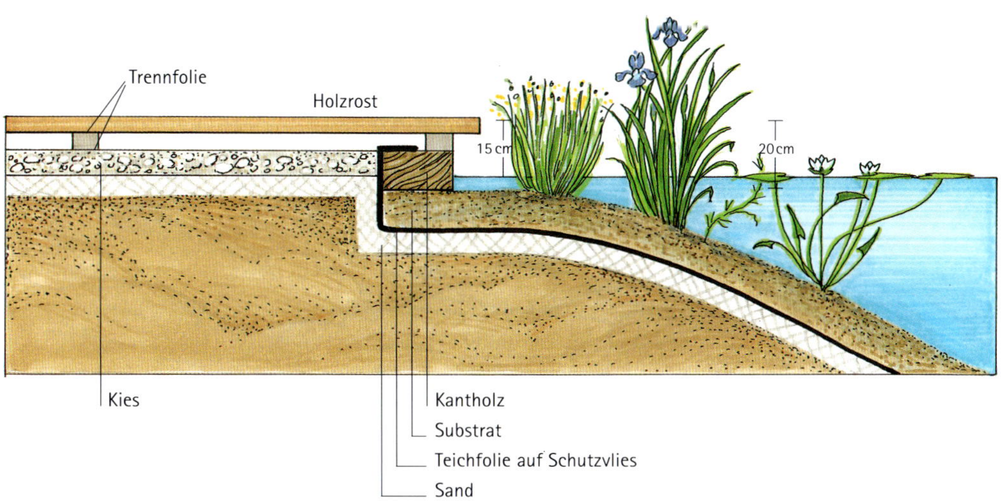

Ein Holzsteg wird auf ein Kantholz standfest geschraubt. Zwischen die einzelnen Hölzer wird eine Trennfolie gelegt, damit die Feuchtigkeit nicht nach oben steigt. Die Teichfolie wird auf der Rückseite des Kantholzes befestigt.

blühende Wiese geführt wird, lediglich begleitet von ein paar Sumpfdotterblumen, Schwertlilien oder Primeln.
Die Tiefe des Bachbettes sollte dort, wo das Wasser nicht in einer Mulde gestaut wird, nur wenige Zentimeter betragen; etwa 10 bis 15 Zentimeter sind ausreichend. Kleine Steine, die so in den Bachlauf gelegt werden, daß sie über den Wasserspiegel hinausragen, können dabei die Oberfläche interessant auflockern. Zu einer kleinen Stromschnelle läßt sich der Bachlauf steigern, wenn das Bett verschmälert wird und die Ufer von größeren Findlingsteinen flankiert werden. Die Strömung erhält mehr Tempo, wenn hier die Wassertiefe deutlich auf fünf bis zehn Zentimeter reduziert wird.

Der Standort

Die Frage nach dem Standort bedarf einer grundsätzlichen Überlegung. Es geht um die ökologisch oder auch architektonisch sinnvolle Einbindung des Teiches in die Gartenanlage. Hier ist der Rat eines Gartenarchitekten notwendig, damit die Teich- und Bachanlage in dem Gesamtkonzept des Gartens berücksichtigt wird. Es kann durchaus einleuchtend sein, den Teich unmittelbar an die Terrasse anzuschließen. Viele Gartenbesitzer neigen jedoch dazu, ihren naturnah angelegten Teich in dem weiter zurückliegenden Gartenteil als Blickfang und Anziehungspunkt zu sehen. Beide Standorte haben ihre Reize. Immer häufiger setzt sich der große Teich an der Terrasse durch, der in seiner Größe mit der üblichen Rasenfläche vergleichbar ist (siehe Reihenhausgarten auf Seite 72). Für die blühenden Sumpf- und Wasserpflanzen ist Sonnenschein notwendig. Wer die Wahl hat, sollte einen Platz mit einer Sonnenscheindauer von sechs bis acht Stunden pro Tag (während der Sommermonate) wählen. Die pralle Mittagshitze ist für die Sumpfpflanzen nicht unbedingt förderlich, eventuell aber für die Badegäste am Schwimmteich…

Die Größe

Jeder Quadratmeter mehr an Teichfläche ist besser. Ein größerer Teich wird von den Kleintieren gern angenommen und sieht meistens besser aus, weil er den Garten weitläufiger und interessanter wirken läßt. 30 Quadratmeter sind für viele Gärten eine ideale Größe. Aber nach oben sind keine Grenzen gesetzt. Das Wasser größerer Teiche unterliegt weit weniger Temperaturschwankungen. Das biologische Gleichgewicht stellt sich schneller ein, und das Verhältnis zwischen freier Wasserfläche und bepflanztem Bereich ist ausgewogener. Wenn Fische vorgesehen sind, hat sich eine Tiefe von etwa 1,20 Meter bewährt. Es muß jedoch nicht der ganze Teich so tief sein. Als Rückzugsmöglichkeit für die Tiere im Winter genügt eine Vertiefung von etwa einem Meter Durchmesser in der Teichsohle. Für einen Naturteich muß die Erde bis zu 80 Zentimetern tief ausgehoben werden. Für Amphibien reicht dagegen eine Wassertiefe von 15 Zentimetern.

Die Form

Alles ist erlaubt, wenn es zur gesamten Anlage paßt. Oft werden Gartenteiche in freier, der sogenannten Nierenform angelegt, wobei ein Teil größer und tiefer gewählt wird als die verbleibende Restfläche. Diese Ausgestaltung, deren Form durch Pflanzenwuchs schnell überwuchert und unsichtbar wird, hat durchaus ihre Vorzüge, denn solche Teiche besitzen, was ein Gartengewässer benötigt: Einen größeren Bereich für das freie Wasser und einen schmalen, flachen Teil für die Sumpfpflanzen. Wenn im Garten geometrische Formen dominieren, ist eine kreisrunde oder eine eckige Form passend. Es kann auch optisch attraktiv sein, wenn mehrere Formen kombiniert und vielleicht durch einen schmalen Kanal oder einen Bach miteinander verbunden werden. Klar, daß sich ein Teich in natürlichen, weichen Uferzonen leichter in den Garten einordnet als eine runde, quadratische oder rechteckige Form, die aber an der Terrasse am Haus gut wirkt. Und manchmal erfordert die Planung des Gartens eine deutlich erkennbare Form des Teiches oder Wasserbeckens.

Das Teichufer wird mit Rollkieselsteinen befestigt, die in einem Mörtelbett liegen. Der Nachteil dieser Lösung ist, daß das Ufer nicht bepflanzt werden kann. Die Folie wird hinter dem Stein nach oben geführt.

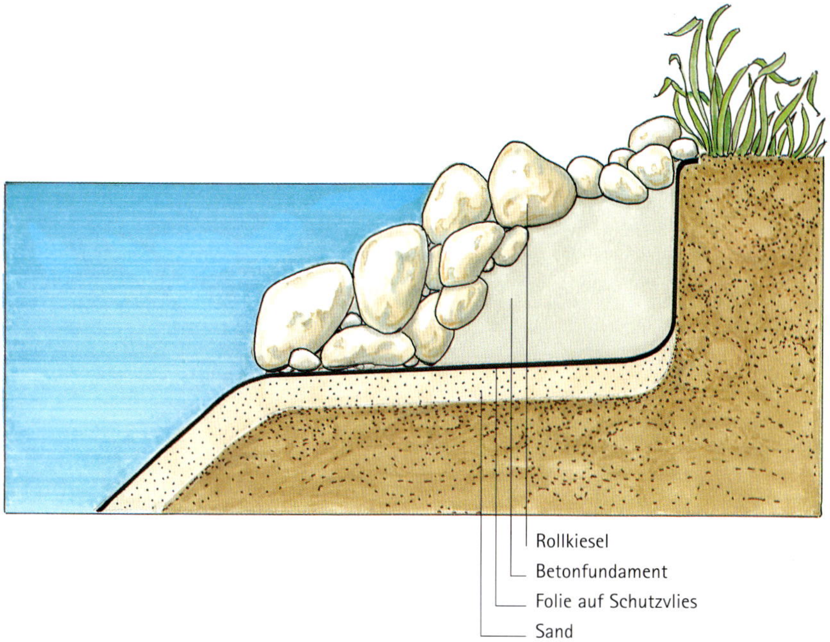

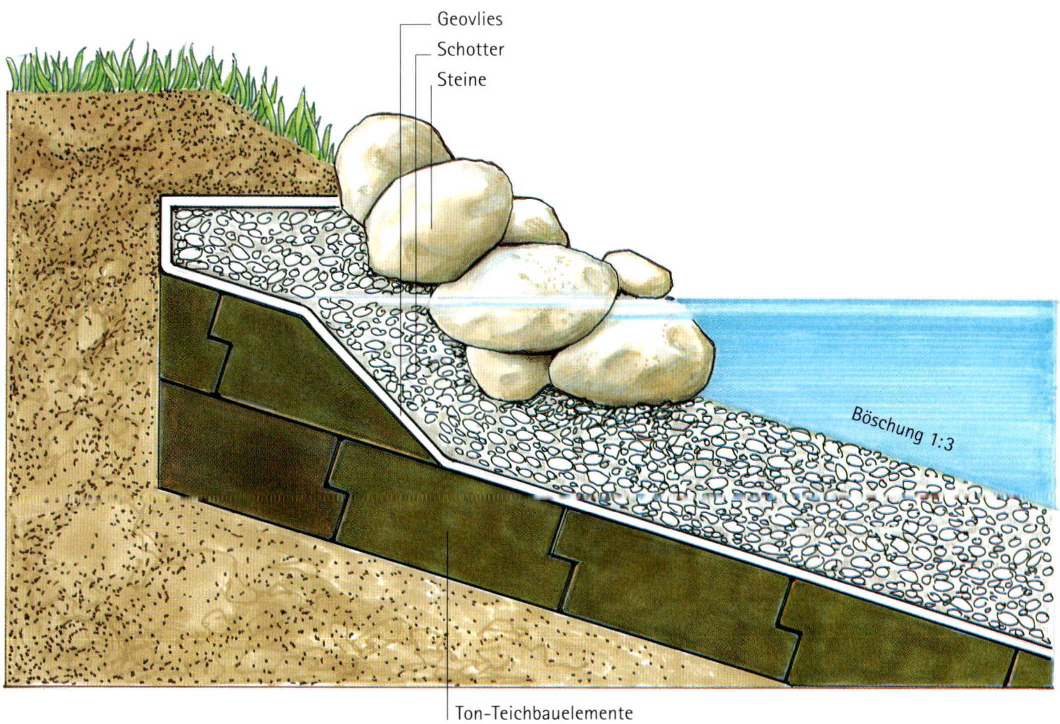

Die Randausbildung eines Naturteiches aus Ton wird meist nur in einer Lage Dia-Teichbauelementen ausgeführt. Bei größeren Anlagen kann sie – wie hier dargestellt – durch eine zweite Schicht verstärkt werden. Die Teichsohle sollte etwa im Verhältnis 1:3 geneigt sein. Auf den standfesten Untergrund werden die Teichbauelemente verlegt, darauf wird ein Geovlies ausgebreitet und eine 15–20 cm starke Schicht Schotter, Ø 2–32 mm, aufgetragen (Detail zu Seite 28).

Die Materialien

Folie

Die meisten Wasseranlagen müssen künstlich geschaffen, ihr Boden gegen Wasserverlust abgedichtet werden. Als Dichtung kommen verschiedene Bauweisen in Frage. Am häufigsten wird PVC-Teichfolie verwendet und zwar aus gutem Grund. Es gibt zur Zeit kein Material, das sich besser verarbeiten ließe. PVC, die Abkürzung für Polyvinylchlorid, wird heutzutage aus Folgeprodukten der Verarbeitung von Erdöl und Kochsalz gewonnen. Diese spezielle Teichfolie ist elastisch, fischverträglich, beständig gegen saure Böden, Frost und Korrosion, reißfest, UV-stabil, verrottungsfrei, wurzelfest – und ganz wichtig – cadmiumfrei. Sie sollte eine Stärke von mindestens einem Millimeter haben. Am besten läßt man sich die Folie in der gewünschten Größe anfertigen. Für einen größeren Teich empfiehlt sich die Stärke von 1,5 Millimetern.
Daneben setzen sich die teureren Synthese-Kautschuk-Folien (EPDM-Folien) verstärkt durch und die Polyethylen-Folien (PE-Folien), die allerdings fester sind und sich weniger gut in enge Kurven einpassen. Grundsätzlich gilt für die Verwendung aller Folien, daß sie behutsam auf glattem Untergrund eingebaut werden müssen, der frei von Steinen oder spitzen Gegenständen ist (Sand oder Geovlies als Unterlage). Dies muß besonders bedacht werden, wenn z. B. schwere Findlinge auf die Folie in der Uferzone gelegt werden sollen.

Ton

Früher war es üblich, die Sohle eines Naturteiches mit Ton abzudichten, dem sogenannten Lettenschlag. Das ist auch heute möglich, indem man Teichbauelemente aus Ton verwendet (Dia). Hierbei ist es wichtig, die Böschung nur sehr flach auszuführen (maximal im Steigungsverhältnis von 1:3, also bei einem Meter Wassertiefe drei Meter Entfernung zum Ufer). Auf ein Geofiltervlies werden die zehn Zentimeter starken Teichbauelemente überlappend verlegt und mit einem Vibrationsstampfer verstampft. Abschließend wird ein weiteres Vlies aufgelegt und eine etwa 20 cm starke Schicht aus kalkfreiem Kies (Ø 8–16 mm) aufgetragen. Diese Auflastschicht verhindert, daß der Ton austrocknet, zu stark aufquillt und ausgespült wird.

Beton

Bei großen Teichen entscheidet man sich oftmals auch für eine stabile Betondichtung. Sie erfordert eine starke Frostschutzschicht (Kiesschicht), auf die eine 5 cm starke Schicht Spritzbeton (unter Verwendung spezieller Gleitmittel) aufgetragen wird. Dabei werden Baustahlgewebe eingelegt, um Risse zu verhindern. Es kann auch wasserundurchlässiger Beton verwendet werden, der allerdings meist wasserdichte Dehnungsfugen notwendig macht. Bewährt hat sich auch spezieller Asphaltbeton, ein Gemisch aus Splitt, Brechsand und Bitumen, der in zwei Schichten von je etwa 5 cm Stärke auf die Frostschutzschicht gebracht wird.

Polyester

Pools und Teiche können durch Beschichtung ihres Bodens mit Polyesterharz und Glasseidenmatten abgedichtet werden. Diese Methode ist preisgünstig, aber aufwendig, da mehrere Schichten auf den Untergrund aufgebracht werden müssen. Rissige Betonbecken lassen sich so reparieren (Voss-Chemie).

Die Teichsohle

Besondere Sorgfalt muß man dem Boden, der Sohle des Teiches, widmen. Sie bestimmt die Zusammensetzung der Tier- und Pflanzenwelt, die in dem künstlichen Gewässer heimisch werden soll. Als Faustregel hat sich bewährt, die Teichfläche mit einer 50 bis 100 cm breiten Sumpfzone einzufassen. Von dort kann die Teichsohle zum tiefsten Punkt abfallen. Empfehlenswert ist ein Verhältnis von 1:2 (ein Meter Höhe auf zwei Meter Länge) oder 1:3. Senkrechte Wände sind für viele Tiere eine tödliche Falle.

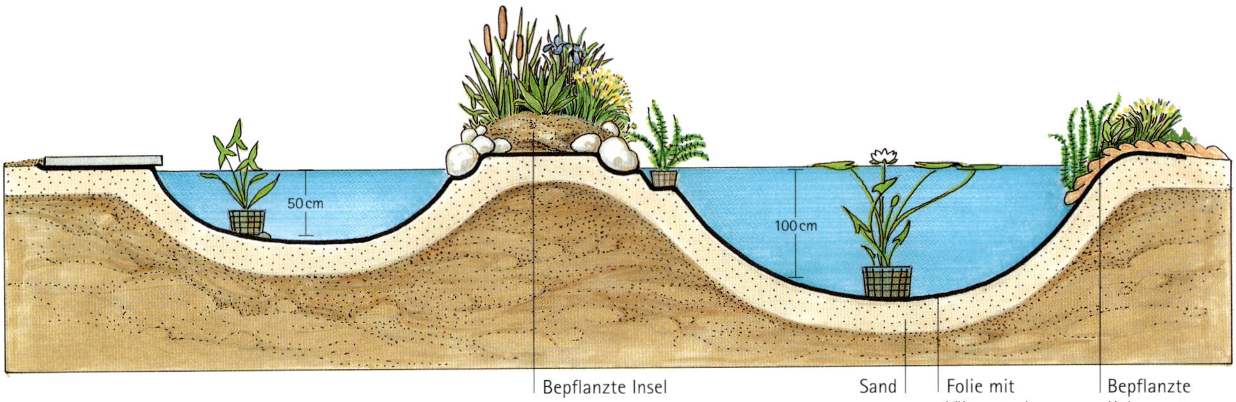

Der Schnitt zeigt einen Teich mit verschiedenen Wassertiefen. Sie werden durch ein bepflanztes Beet, das aus dem Wasser ragt, getrennt. In derselben Weise wird eine Insel im Teich angelegt.

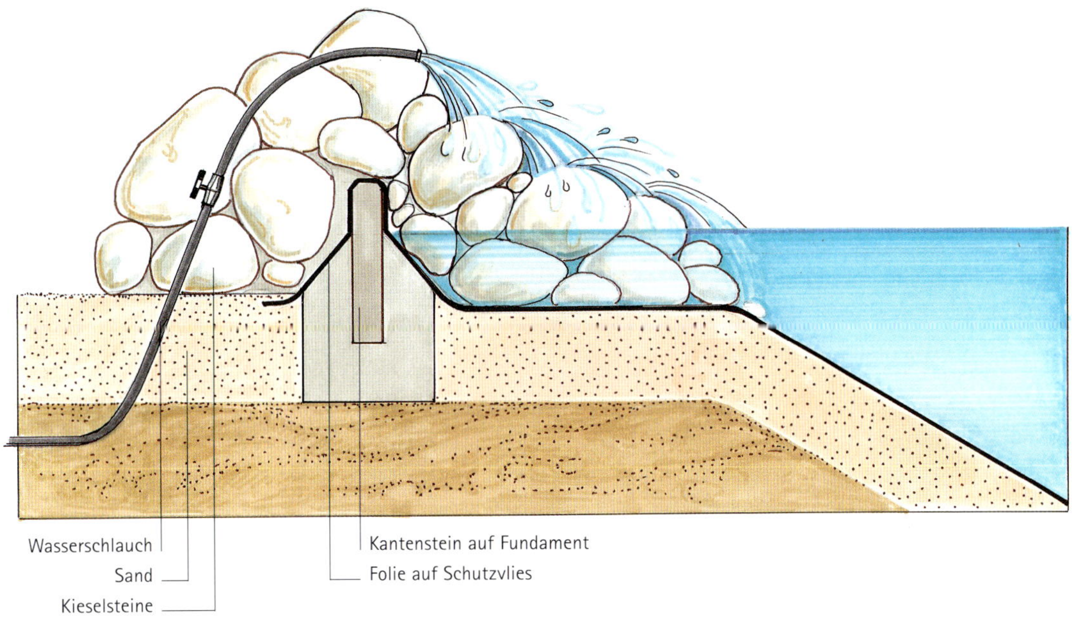

Wenn eine künstliche Quelle für mehr Leben im Teich sorgen soll, kann sie am einfachsten aus einer Ansammlung von Geröllsteinen entspringen. Hier ist das Teichufer durch einen Kantenstein begrenzt, der auf ein Betonfundament gesetzt wurde. Über diese Steinkante wird der Schlauch geführt, der durch die Umwälzpumpe mit Teichwasser versorgt wird (Detail zu Seite 76).

Die Uferzone

Zum Schönsten und Schwierigsten gehört die Ausgestaltung des Ufers. Dieser größtenteils sichtbare Bereich sollte in der Regel als Sumpfzone, also mit einer geringen Wassertiefe, gearbeitet sein und einen natürlichen Übergang zu dem trockenen Bereich, dem Staudenbeet oder der Wiese ermöglichen. Hier finden Frösche und andere Amphibien einen idealen Laichplatz, und außerdem gedeihen bei geringem Wasserstand von bis zu 20 Zentimetern einige der schönsten Stauden und Gräser. Kieselsteine und größere Findlinge sind nicht nur eine hübsche Ergänzung. Sie geben dem Erdsubstrat notwendigen Halt, damit es nicht abrutscht oder weggespült wird.
Die Sumpfzone sollte mindestens 50 cm breit sein – ein Meter wäre besser. Zwischen der Feuchtzone am Ufer und dem trockenen Bereich sollte mit Hilfe der Folie eine Sperrzone eingerichtet werden. Andernfalls besteht die Gefahr, daß das Teichwasser in die trockene Uferzone gesogen wird und der Wasserspiegel im Teich überraschend schnell sinkt.
Ein Naturteich kommt ohne Zu- und Ablauf aus. Das überschüssige Wasser, das durch starke Regenfälle in den Teich gelangt, verteilt sich gleichmäßig über den Uferrand. Besser ist es jedoch, wenn es über einen Überlauf in eine Sickergrube ablaufen kann. Wenn das Wasser vom Dach über einen Bachlauf in den Teich geleitet werden soll, wird das Wasser am schönsten als Quelle und Bach in den Teich plätschern. Allerdings kann das Wasser schädlich sein: Auf der windabgewandten Dachseite bildet sich beim Betrieb einer Ölheizung ein Rußbelag. In Verbindung mit dem Regenwasser entsteht schwefelige Säure, die dann in den Teich gelangt. Das ist für die Tiere im Wasser oft tödlich.

Das Erdsubstrat

Sumpf- und Wasserpflanzen brauchen einen sandigen Lehm- oder Tonboden als Substrat und sogenannten Bodengrund. Sogar Sand wäre ausreichend, doch bietet er den hohen Stauden und Schilfgräsern oftmals nicht genügend Halt. Deshalb ist der Anteil an Lehm wichtig. Keinesfalls sollte das Substrat zusätzlich gedüngt sein, weil Nährstoffe die Entstehung von Algen beschleunigen. Wer vorhandene Gartenerde verwenden möchte, sollte darauf achten, daß sie nährstoffarm ist wie diejenige, die aus dem tiefsten Bereich beim Teichaushub gewonnen wird. Eine Mischung je zur Hälfte aus diesem Boden und aus Sand ergibt ein preiswertes und gutes Teichsubstrat für den Teichboden und die Sumpfzone am Ufer.

Das Wasser

Ideal ist es, wenn sich die Teichmulde nach und nach mit Regenwasser füllt, auch wenn das Wasser heutzutage nicht mehr einwandfrei und oftmals sehr sauer ist. Normalerweise wird der Teich mit Leitungswasser gefüllt. Als günstiger pH-Wert (Säuregrad) gilt 7 bis 8. Bei starkem Sonnenschein nimmt der pH-Wert zu. Das Wasser wird nicht mit hartem Strahl, sondern mit aufgesetzter Brause eingefüllt. So spült weit weniger Erde hoch, und ein großer Teil des Chlors verflüchtigt sich dann bereits.

Die Sicherheit

Wo Wasser ist, besteht auch Gefahr für Kleinkinder. Sie sollten deshalb niemals unbeaufsichtigt sein, wenn sie sich in der Nähe eines Gewässers befinden oder sich Zugang verschaffen können. Eine breite Sumpfzone mindert zwar die Gefahr, aber nicht ausreichend. Im Zweifelsfall wird ein mindestens 60 cm hoher Zaun errichtet, der den Weg zum Wasser versperrt. Allerdings sollte dafür gesorgt werden, daß Kleintiere freien Zugang zum Teich behalten. Deshalb sollten Zäune eine Bodenfreiheit von etwa zwölf Zentimetern haben. Besondere Rücksicht muß auf Kleinkinder genommen werden, wenn man einen Teich im Vorgarten anlegen möchte. So können Hausbesitzer verpflichtet werden, ihren Zierteich wieder zu entfernen, wenn er Kleinkinder aus der Nachbarschaft gefährden könnte.
Es ist ratsam, bei Abschluß einer Haftpflichtversicherung auch die Gefahren durch den Teich mit einzubeziehen.
Bei einer Teichanlage können elektrische Installationen notwendig werden, wie der Anschluß einer Umwälzpumpe oder einer Leuchte. Diese Arbeiten gehören in die Hände eines Fachmannes!

Ein Bachlauf läßt sich am einfachsten mit Hilfe einer Teichfolie abdichten. Sie wird auf Sand verlegt. Darauf kommt eine Schicht Mörtel, in den die Rollkieselsteine gebettet werden. Die Folie wird hinter den Steinen nach oben geführt (Schnitt zu Seite 36).

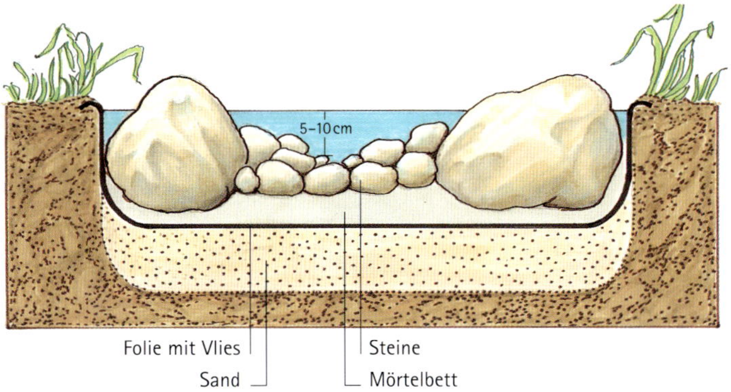

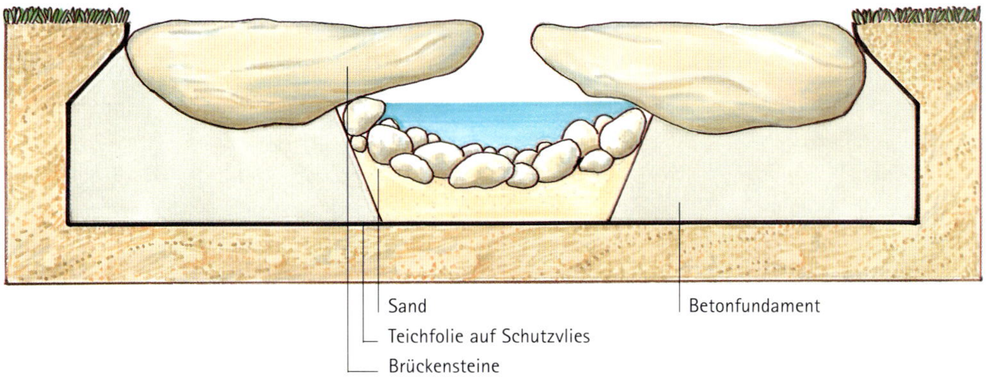

Die Brücke über den Bach wird aus zwei ausgesuchten, flachen Natursteinen gestaltet, die auf einem Betonfundament standfest ruhen. Zwischen den »Brückensteinen« bleibt ausreichender Platz für den Wasserdurchlauf. Eine Teichfolie dichtet den Bachlauf ab (Schnitt zu Seite 36).

Der Schnitt zeigt das System der »Swimmingteiche« (Biotop-Landschaftsgestaltung): Der Schwimmbereich mit einer Tiefe von etwa zwei Metern wird durch eine Betonwand von der mit Schilf bepflanzten Flachwasserzone getrennt. Rechts und im Hintergrund der Holzsteg mit dem Einstieg ins Wasser (Detail zu Seite 89).

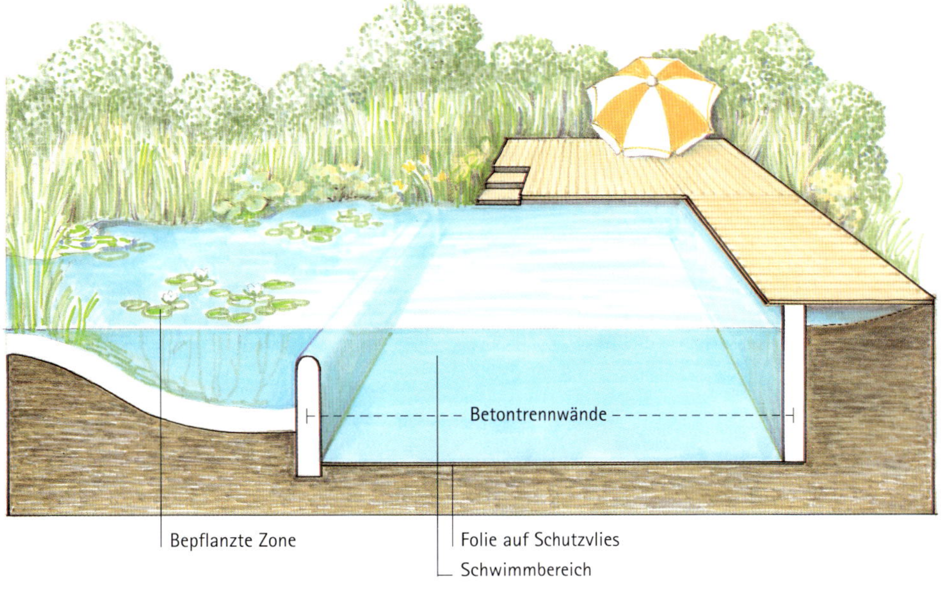

Unten:
Ein Muß in den meisten Teichen und Wasserbecken: Die Seerose. So schön sie auch blüht, in diesem Wasserbecken wird es bestimmt bald sehr eng werden.

Rechts:
Der Blutweiderich *(Lythrum)* **ist eine der dankbarsten Pflanzen, da sie sowohl auf normal trockenem als auch einem feuchten Standort schön lange blüht und viele Bienen anlockt (Atelier für Landschaft + Garten).**

Die Pflanzen

Sumpf- und Wasserpflanzen sind nicht nur für die optische Gestaltung eines Teiches wichtig. Sie sind für das Funktionieren des Teichbiotops ebenso bedeutend wie Gehölze, Gräser und Stauden für einen anderen Lebensraum, das Biotop einer Wiese oder der Waldlichtung. Ursprünglich waren sie sogar selbst einmal Landpflanzen. Sie haben sich im Laufe ihrer Entwicklung dem veränderten Lebensraum angepaßt.
An den Blättern und Blattstengeln lassen sich die Unterschiede erkennen. Sumpf- und Wasserpflanzen haben kein festes Gewebe wie Stauden oder Gehölze. Ihre Stengel verholzen ja nicht. Schwimmpflanzen verfügen über spezielle Luftkammern, die für den notwendigen Auftrieb der Blätter zur Wasseroberfläche sorgen. Die oftmals schwach ausgebildeten Wurzeln sind weniger zur Aufnahme von Nährstoffen bestimmt, als vielmehr um Halt im Boden zu geben.
Sumpf- und Wasserpflanzen produzieren – wie auch Landpflanzen – durch Fotosynthese tagsüber lebenswichtigen Sauerstoff, der von den Teichorganismen benötigt wird. Und diese halten wiederum das Wasser klar. Außerdem reduzieren die Teichpflanzen schädliche Stickstoffverbindungen im Wasser, und manche wie das Ährige Tausendblatt *(Myriophyllum)*, besitzen sogar eine wachstumshemmende Wirkung auf die Algen. Die Blätter der Wasserpflanzen bieten zahlreichen Kleintieren Schutz vor Feinden, und etliche Amphibien und Fische nutzen das Dickicht am Ufer als Laichplatz. Manche Kleintiere sitzen sogar in den Stengeln. Die Raupen der Rohreule, einer Schmetterlingsart, leben und verpuppen sich in den Halmen des Rohrkolbens.
Wenn man sich die Pflanzenwelt am Bach oder Teich anschaut, wird man feststellen, daß bestimmte Arten verschiedene Zonen besetzt haben. Teiche, Tümpel und Weiher beherbergen andere Pflanzengesellschaften als ein Bachlauf. Je ruhiger die Wasseroberfläche ist, desto vielfältiger ist die Pflanzenwelt.
Bei der Bepflanzung des Gartenteiches sollte man sich an der natürlichen oder heimisch gewordenen Vegetation orientieren. Die Pflanzengesellschaften haben allerdings Standorte, die sich nicht eindeutig abgrenzen lassen. Manche Pflanzen wachsen sowohl in trockenem als auch in nassem Boden. Auffallend anpassungsfähig sind Blutweiderich

(Lythrum salicaria), Gelbe Schwertlilie *(Iris pseudacorus)*, Sumpfdotterblume *(Caltha palustris)* oder Wasserminze *(Mentha aquatica)*.

Die wichtigsten Standorte und deren Pflanzengesellschaften an Teichen und Bächen lassen sich in sechs Bereiche einordnen:

Uferrand

Dieser Bereich wird meist von »Landpflanzen« beansprucht. Die Erde hat keinerlei Verbindung zum Wasser. Doch wird der Standort durch die hohe Luftfeuchtigkeit am Wasser bestimmt. Eigentlich könnten hier alle üblichen Gartenstauden gepflanzt werden. Doch sollten nur solche in Frage kommen, die in ihrer Wuchsart und ihrem Aussehen zu den Wasserpflanzen passen.
Eine Auswahl an Stauden: Alant *(Inula magnifica)*, Bartiris oder Schwertlilie *(Iris barbata-elatior, Iris b.-media, Iris b. nana)*, Bergenie *(Bergenia cordifolia)*, Dreimasterblume *(Tradescantia x andersoniana)*, Ehrenpreis *(Veronica longifolia)*, Etagenprimel *(Primula japonica)*, Frauenmantel *(Alchemilla mollis)*, Funkie (*Hosta* in vielen Arten), Greiskraut *(Ligularia clivorum* »Desdemona«, *L. przewalskii)*, Japanische Iris *(Iris kaempferi)*, Kaukasus-Vergißmeinnicht *(Brunnera macrophylla)*, Knöterich *(Polygonum affine, P. amplexicaule)*, Sibirische Iris *(Iris sibirica)*, Taglilie *(Hemerocallis)* oder Weidenblättrige Sonnenblume *(Helianthus salicifolius)*. Eine Auswahl an Gräsern: Chinaschilfgras (*Miscanthus* in niedrigen und hohen Arten), Federborstengras *(Pennisetum compressum)*, Gartenbambus *(Fargesia murielae)*, Goldbandleistengras *(Spartina)* und Pfeifengras *(Molinia caerulea)*.

Sumpfwiese und bodenfeuchte Uferzone

Pflanzen in diesem Bereich sind auf anhaltende Staunässe angewiesen, ohne daß dabei die Erde mit Wasser bedeckt ist, wie es für eine Sumpfzone typisch ist. Am Rande eines Gartenteiches oder eines Bachlaufes läßt sich solch ein Bereich durch Verbreitern der Uferzone schaffen. Die aufgetragene Erde sollte aber den Wasserspiegel überragen. In

dieser Zone gedeihen meist sowohl Gartenstauden als auch Gewächse, die üblicherweise die Nässe der Sumpfzone bevorzugen. Manchmal entsteht im Garten solch ein Feuchtgebiet ganz von selbst, wenn sich Oberflächenwasser auf lehmigem, wasserundurchlässigem Boden in einer Senke sammelt. Sogar wenn die Erde oben abtrocknet, bleibt sie für diese Stauden feucht genug: Bachnelkenwurz *(Geum rivale)*, Gemeiner Beinwell *(Symphytum officinale)*, Binsenlilie *(Sisyrinchium angustifolium)*, Mehlprimel *(Primula farinosa)*, Schachbrett- oder Kiebitzblume *(Fritillaria meleagris)*, Sumpfherzblatt *(Parnassia palustris)* oder Teufelsabbiß *(Succisa pratensis)*.
Häufig wird dieser Standort auch von farbenprächtigen Stauden geschätzt, wie Blutweiderich (*Lythrum salicaria*, wobei die gezüchteten Sorten »Feuerkerze« oder »Zigeunerblut« nur in normal feuchtem Boden gedeihen), Gelbfelberich *(Lysimachia punctata)*, stark wuchernde Pestwurz *(Petasites hybridus)*, Schildblatt *(Peltiphyllum peltatum)*, Schwalbenwurzenzian *(Gentiana asclepiadea)*, Sumpfdotterblume *(Caltha palustris)*, Sumpfvergißmeinnicht *(Myosotis palustris)*, Trollblume *(Trollius)* oder Wasserdost *(Eupatorium cannabinum)*.

Sumpfzone

Bei einer Wassertiefe von 15 bis 20 cm gedeihen einige der schönsten Pflanzen. Dieser Standort bietet zwei Vorteile: Die Auswahl ist so groß, daß man auf »richtige« Wasserpflanzen verzichten kann und so eine genügend freie Wasserfläche

Von oben nach unten:
1 Die Binsenlilie *(Sisyrinchium angustifolium)* blüht im Mai und Juni.
2 Goldwolfsmilch *(Euphorbia polychroma)* und Wiesenknöterich *(Polygonum bistorta »Superbum«)* dürfen nicht fehlen.
3 Das Pampasgras *(Cortaderia)*, oft als Exot verpönt, entfaltet während der Blüte seinen Reiz.
4 Die Sumpfdotterblume *(Caltha)* entzückt als erste mit ihrem Flor oft schon im März.
5 Schwertlilien *(Iris)* sind wichtige Blütenpflanzen am Wasser. Und in Weiß scheinen sie fast zu schweben.
6 Gartenbambus *(Fargesia murielae)* schafft eine immergrüne Kulisse. Vorn: Blutweiderich *(Lythrum)*

1

4

2

5

3

6

behält. Außerdem ist dieser Bereich für Frösche und Molche zum Laichen günstig. Sumpfpflanzen müssen anpassungsfähig sein, weil der Wasserstand sinken kann (vor allem im Sommer durch Verdunstung). Einige Arten überstehen sogar ein vorübergehendes Abtrocknen der Erde. Die Pflanzen dieser Zone: Bachbunge *(Veronica beccabunga)*, Bachminze *(Mentha aquatica)*, Binse *(Juncus ensifolius)*, Bitterklee *(Menyanthes trifoliata)*, Hechtkraut *(Pontederia cordata)*, Igelkolben *(Sparganium emersum)*, Kalmus *(Acorus calamus)*, Scheincalla *(Lysichiton americanum)*, Winterschachtelhalm *(Equisetum hyemale)*, Wolfsmilch *(Euphorbia palustris)*, Zebrasimse *(Scirpus tabernaemontani* »Zebrinus«) und Zungen-Hahnenfuß *(Ranunculus lingua)*.

Röhricht- oder Flachwasserzone

In einer Wassertiefe von bis zu 50 cm gedeihen hier Pflanzen von schlankem, aufrechtem Wuchs. Die wichtigsten Vertreter sind Rohrkolben, Schilfrohr und Teichbinse. Mit langen Rhizomen halten sie sich in dem durchtränkten Boden fest und wuchern sehr stark. Innerhalb kurzer Zeit kann eine einzige Pflanzenart eine Zone beherrschen, die sich bis weit in die Teichmitte ausdehnt.
Wegen ihres dicht verflochtenen Wurzelwerks, in dem sich kleinste Abfall- und Schlammteilchen absetzen, werden folgende Pflanzen, die in dieser Flachwasserzone heimisch sind, für die Anlage eines Badeteiches und eines Sumpfklärteiches bevorzugt: Rohrkolben *(Typha latifolia)*, Schilfrohr *(Phragmites communis)*, Teichsimse *(Scripus lacustris)* und Flatterbinse *(Juncus effusus)*. An einem Bach würden diese Pflanzen nicht heimisch, sie brauchen ruhiges Wasser.
Für einen Gartenteich sind außerdem zu empfehlen: Blumenbinse *(Butomus)*, Froschlöffel *(Alisma plantago aquatica)*, Goldkeule *(Orontium aquaticum)*, Hechtkraut *(Pontederia cordata)*, Pfeilkraut *(Sagittaria sagittifolia)* und Tannenwedel *(Hippuris vulgaris)*.

Seerosenzone

In dem Wasserbereich von mehr als 50 cm Tiefe gedeihen einige der interessantesten Gewächse. Sie wurzeln im Teichgrund, und ihre Blätter und Blüten schwimmen auf der Wasseroberfläche. Manche wurzeln am Boden, ohne aufzutauchen. Andere schwimmen frei im Wasser. Die bei uns heimische Weiße Seerose *(Nymphaea alba)*, Grundlage vieler Neuzüchtungen, ist eine der schönsten Pflanzen der Schwimmblattzone. Ebenso die Gelbe Teichrose oder Teichmummel *(Nuphar lutea)*, das Laichkraut *(Potamogeton natans)*, Seekanne *(Nymphoides peltata)*, Wasserähre *(Aponogeton distachyos)* oder Wasserknöterich *(Polygonum amphibium)*. Unter den schwimmenden Wasserpflanzen sind einige sogar in unseren Breiten heimisch: Froschbiß *(Hydrocharis morsus-ranae)*, Krebsschere *(Stratiotes aloides)*, Schwimmendes Laichkraut *(Potagoimeton natans)*, Schwimmfarn *(Salvinia natans)*, Teichlinse *(Spirodela polyrhiza)*, Dreifurchige Wasserlinse *(Lemna trisulca)*, Wasserschlauch *(Utricularia vulgaris)* und Wassernuß *(Trapa natans)*.

Zone der Unterwasserpflanzen

Diese Pflanzen erscheinen gar nicht oder nur vorübergehend an der Wasseroberfläche. Für das Teichwasser sind sie unersetzlich. Sie produzieren viel Sauerstoff, bauen Nährstoffe im Wasser ab und verhindern dadurch Algenbildung. Manche wuchern stark und können lästig werden. Dann ist das Wasser zwar klar, aber voller Pflanzen und man muß sie nur gelegentlich abfischen.
Unterwasserpflanzen haben unterschiedliche Ansprüche. Deshalb gedeiht im Teich nicht jede Art gut. Die bevorzugte Wassertiefe liegt zwischen 20 und 80 cm. Einige der wichtigsten sind: Hornkraut *(Ceratophyllum demersum)*, Laichkraut *(Potamogeton crispus)*, Nadelsimse *(Eleocharis acicularis)*, Tausendblatt *(Myriophyllum spicatum* und *M. verticillatum)*, Wasserfeder *(Hottonia palustris)*, Wasserpest *(Elodea canadensis)* und Wasserstern *(Callistriche palustris)*.

1 Das Blau der Schwertlilie steigert sich durch die Spiegelung im Wasser.
2 Zwei schöne Stauden für die Blüte im Spätsommer: Knöterich *(Polygonum amplexicaule)* **und Wasserdost** *(Eupatorium)*.
3 Die Teicheinfassung: nichts als Frauenmantel *(Alchemilla)*, **der nicht nur zur Blütezeit schön ist (Groenewegen).**
4 Das Mammutblatt *(Gunnera)* **braucht viel Dünger, damit die Blätter wirklich üppig werden.**
5 Bergenie mit der hübschen Blüte über dem immergrünen Laub und Osterglocken. So fängt das Frühjahr gut an.
6 Wasserhahnenfuß *(Ranunculus aquatica)*, **der das Teichwasser reinigen soll, breitet sich schnell und dekorativ aus.**

1

4

2

5

3

6

Enten zu Besuch auf dem Teich, aber ein ungleiches Paar. Die Stockente ließ sich offensichtlich von dem Anblick der Lockente täuschen. So schön Enten auch sein mögen, in einem Teich stören sie, da sie sich meist über die Uferbepflanzung hermachen.

Bevor man sich überlegt, ob und welche Fische ausgesetzt werden sollen, herrscht schon reges Leben und Treiben im Wasser. Man sollte sich die Mühe machen, das Wasser aus der »Froschperspektive« in aller Ruhe zu beobachten: Wasserläufer, Schwimmkäfer wie Gelbrand-, Taumelkäfer und Furchenschwimmer sowie Libellen, Wasserwanzen und -skorpion werden die ersten sein, die das Wasser in Anspruch nehmen. Und mit den neu hineingesetzten Sumpf- und Wasserpflanzen gelangen Algen, Bakterien, Würmer und Kleinkrebse in den Teich oder Bach.
Schneller wird ein Gartenteich mit Kleintieren angereichert, wenn er mit dem Wasser aus einem anderen naturnahen Gewässer »geimpft« wird (ein oder zwei Eimer genügen meist schon).
Wenn die Umgebung des Teiches Schutz und Schatten bietet, braucht man auch nicht lange auf Amphibien, also Kröten und Frösche, Molche und Salamander zu warten. Sie wandern zu und bleiben am künstlich angelegten Gewässer eines Gartens, wenn ihnen die Umstände behagen. Als Amphibien oder Lurche werden alle Wirbeltiere bezeichnet, die in zwei unterschiedlichen Regionen leben: Sie bewohnen sowohl das Wasser als auch das Land. Zwar kommen die Tiere im Wasser zur Welt und entwickeln sich dort als Larven (Kaulquappen). Als erwachsenes Tier leben sie später aber außerhalb eines Gewässers. Heimisch in unserem Klima sind die sogenannten Schwanzlurche wie Molche, Salamander und Froschlurche wie Frösche, Kröten und Unken.
Zu den unerwarteten Bewohnern eines Gartenteiches zählen Schnecken, vor allem die Spitzschlammschnecken. Sie leben von Algen, wobei sie allerdings auch mal Pflanzenteile und abgestorbene Tiere abnagen. Bei sauerstoffarmem Wasser läßt sich gut beobachten, wie die Schnecken an der Teichoberfläche entlangziehen und hörbar Sauerstoff einatmen. Für das Leben im Gartenteich können auch Süßwassermuscheln wichtig sein. Sie filtern das Wasser. Aber nicht nur das. Bitterlinge benötigen die Teichmuschel zum Ablaichen. Die Muscheln, meist aus Fischzuchtfirmen, werden in ein Sandbett (Schale) am Boden des Teiches gesetzt. So schön Frösche, Kröten und Libellen auch sind, ohne Fische bleibt ein Teich für viele Gartenbesitzer unvollständig. Ihnen fehlt das sichtbare, bewegte Leben im Wasser. Leider läßt sich nur mit einem kleinen »Trick« erreichen, daß in einem Teich Fische leben und Frösche sich vermehren können.
Wer sich sowohl an eingesetzten Fischen als auch am natürlichen Leben eines Teiches erfreuen möchte, sollte den Froschlaich mit einem Netz vor dem Zugriff der Fische schützen. Eigentlich ist jeder Zierfischteich ein Eingriff in die natürliche Nahrungskette. Fische ernähren sich von Amphibien- und Insektenlarven, von anderen Kleintieren und Insekten. In einem Gartenteich fehlt der natürliche Fraßdruck, wie er in großen Seen besteht. Zierfische haben hier keine Feinde und können sich beliebig stark vermehren. Es kann sogar in Tierquälerei

Tiere im und am Wasser

ausarten, wenn man den Fischbesatz nicht unter Kontrolle hält und nicht für zusätzliche Sauerstoffgaben sorgt.
Da immer mehr Gartenbesitzer umwelt- und naturbewußt denken, wächst das Interesse an heimischen Fischen, obgleich sie in ihren Tarnfarben nicht so attraktiv sind. Doch gilt für einige der unauffälligen Fische das gleiche wie für die Exoten: Sie gehören eigentlich nicht in ein Gewässer, wo sie sich mangels Feinden zu stark vermehren können. Ausnahmen bestätigen die Regel: Ein Teil der Jungfische von Bitterlingen wird auch von Käfer- und Libellenlarven gefressen, wodurch sich ihr Bestand natürlich reguliert. Aber der Bitterling vermehrt sich nur, wenn zur Brutpflege lebende Teichmuscheln zur Verfügung stehen. Vor allem das Männchen weist zur Paarungszeit eine hübsche Farbe auf. Das Moderlieschen ist ein kleiner Schwarmfisch, der sich im dicht bewachsenen Teich wohlfühlt. Dort lebt er von Algen, Mückenlarven und Kleinkrebsen. Er hält sich durchaus sichtbar in den oberen Wasserschichten des Teiches auf und ist sehr zu empfehlen.
Rotauge oder Rotfeder sind gleichfalls hübsche Schwarmfische von etwa 20 cm Länge. Sie ernähren sich von Larven und Mücken und vegetarischer Kost, dem Laub der Sumpf- und Wasserpflanzen.
Elritze, ein kleiner Karpfenfisch, wird etwa 15 cm lang. Er lebt auch von Kleininsekten im Wasser. Allerdings sollte ein Schwarm Elritzen nur dann im Teich ausgesetzt werden, wenn für eine ausreichende Sauerstoffmenge gesorgt werden kann.
Reizvoll kann es auch sein, Edelkrebse im Teich auszusetzen. Keine Angst, daß die Gliederfüßler mit ihren Scheren in die Zehe kneifen, wenn man am Ufer steht oder im Teich baden möchte. Die Krebse, die nur nachtaktiv sind, schaden keinem warmblütigen Lebewesen, sie vergehen sich auch nicht an Goldfischen, Kois oder Ziergeflügel. Die seit Jahrmillionen einheimischen Edelkrebse (nicht zu verwechseln mit dem türkischen Sumpfkrebs, der wie alle importierten Krebse Überträger der tödlichen Krebspest ist) besitzen eine starre Außenhaut. Die beweglichen Gliedmaßen sind durch dünne, feste, klarsichtige Häute miteinander verbunden. Ihr »Panzer« kann nicht mitwachsen. Deshalb »häutet« sich der Edelkrebs bei Zunahme seines Körpergewichts. Die neue, weiche Außenhaut verfestigt sich im Laufe einiger Tage. Der »Polizist im Wasser« ernährt sich von zersetzbaren Pflanzenteilen und Insekten des Wassers. Ab dem vierten Lebensjahr verschmäht er auch verendete Fische oder Frösche nicht.
Edelkrebse leben in Kolonien von mindestens zehn Stück (ein Stück pro Quadratmeter). Zehn Quadratmeter Wasseroberfläche eines Teiches, der im Winter nicht ganz zufriert, sind das Minimum. Größere Teichanlagen sind besser. Hier braucht nicht zusätzlich gefüttert zu werden. Krebse vermehren sich recht schnell. Ab einer Größe von etwa 80 Gramm kann man sie als Delikatesse verspeisen. Geködert werden sie mit einem frischen Stück Fisch in einer speziellen Reuse (Edelkrebszucht T. Grabowski).

Oben:
Der Edelkrebs sollte in einem größeren Teich nicht fehlen, da der »Wasserpolizist« das Wasser klar hält. Und keine Angst vor seinen Scheren: Sie sehen gefährlicher aus, als sie es sind.

Unten:
Der schönste, teuerste und schillerndste Goldfisch ist der Koi, der Farbkarpfen aus Japan. Seine Zeichnung in Rot, Schwarz, Silber oder Gold auf Maul und Rücken macht den Reiz des Fisches aus. In einen Naturteich gehört er nicht, da würde er auch bald unsichtbar werden. Denn Karpfen wühlen im Bodenschlamm und verunreinigen das Wasser. Bei 1,50 Meter Tiefe können sie draußen überwintern.

Die Pflege

Pflege im Frühjahr

Wenn Wurzelteile von Wasserpflanzen wie Seerosen faulen, schneidet man sie ab und gibt sie auf den Kompost. Es gilt aber mit Bedacht vorzugehen, da Frösche und Kröten zum Ablaichen kommen, wenn die ersten Pflanzen austreiben und die Sumpfdotterblumen blühen. Neue Wasserpflanzen werden ab etwa Mai gesetzt, wenn sich das Wasser bereits erwärmt hat.

Pflege im Sommer

Sumpf- und Wasserpflanzen kann man jederzeit ergänzen. Wenn sich Schwimm- und Unterwasserpflanzen zu stark ausgebreitet haben, wird ein Teil davon herausgefischt. Bei einer elektrischen Umwälzpumpe muß gelegentlich kontrolliert werden, ob der Ansaugstutzen frei und nicht verstopft ist. Wenn Fische eingesetzt wurden und man sie füttern möchte, weil sie dann so hübsch am Ufer zu sehen sind, muß man sparsam vorgehen. Es darf nur spezielles Futter gegeben werden, das auf einer Wasserfläche von ein bis zwei Quadratmetern verstreut wird. So bekommen alle Fische etwas ab. Fische dürfen nur gefüttert werden, wenn das Wasser mindestens 12 bis 15 Grad warm ist. Bei normalem Pflanzenwuchs kommen Goldfische ganz ohne zusätzliches Futter aus, wachsen dann nicht so stark und vermehren sich kaum.

Was tun gegen Algen?

An sonnigen, warmen Tagen im Frühsommer, wenn sich das Wasser an der Teichoberfläche erwärmt, nehmen Algen schnell überhand. Vor allem ein nährstoffreicher Teich wird dann trübe und beginnt zu »blühen«. Die Algen profitieren von den sich lösenden Nährstoffen im Wasser. Unter diesen Bedingungen können ihre konkurrierenden Unterwasserpflanzen in den noch kühleren und tieferen Teichschichten nicht mithalten. Auch Kleinkrebse, Wasserflöhe und andere Kleinlebewesen, die Algen vertilgen, sind noch nicht aktiv. Die Folge: Tagsüber produzieren die Algen Sauerstoff, nachts verbrauchen sie ihn. Das Teichwasser kann »umkippen«. Mit zunehmender Erwärmung des Teichwassers be-

enden die Kleinlebewesen ihr Überwinterungsstadium und schlüpfen aus den Eiern. Innerhalb weniger Tage ist dann das pflanzliche Plankton, die Algen, aufgefressen, und das Wasser zeigt sich klar. Wenn daraufhin die Nährstoffe wieder knapp werden, sterben viele Wasserflöhe ab. Durch ihre Verwesung werden wiederum Nährstoffe frei, und es kann erneut zu einer Wassertrübung kommen. In einem gut bepflanzten Teich sorgen Sumpfpflanzen für einen Ausgleich. Sie verbrauchen die Nährstoffe aus dem Wasser und aus dem Boden. In einem neuangelegten oder ungenügend bepflanzten Teich wird es ohnehin zunächst trübe. Man unterscheidet mehrere Arten von Algen:
Kieselalgen fühlen sich leicht rauh an. Sie verursachen eine vorübergehende grünliche Trübung des Wassers im Frühjahr. *Blaualgen* treiben in dichten Kolonien an der Oberfläche. Sie bilden bei neuangelegten Teichen die »Wasserblüte«. Bei sehr reichem Nährstoffangebot und hohen Wassertemperaturen sind *Fädige Blaualgen* zu beobachten, die an der Wasseroberfläche modrig riechende, dicke Blasen bilden. Die *Fadenalgen* sollten toleriert werden, wenn sie nur in kleineren Mengen auftreten. Sie binden überschüssige Nährstoffe und lassen das Wasser im Teich klar erscheinen. Werden es zu viele, fischt man einen Teil von ihnen heraus. Die »chemische Keule« in Form von Algenvernichtern ist – auch wenn die Versuchung groß sein sollte – keine Lösung, um klares Wasser im Teich zu erhalten. Die Nährstoffe im Wasser bleiben erhalten, und der Algenwuchs beginnt aufs neue. Wirkungsvolle Maßnahmen dagegen sind:

- nährstoffarme Teicherde und am besten Kies verwenden;
- kalkhaltiges Wasser durch Regenwasser oder Weißtorf »neutralisieren«;
- Füttern der Fische reduzieren oder einstellen;
- für eine vielfältige Uferbepflanzung sorgen;
- Unterwasserpflanzen wie Hornblatt *(Ceratophyllum)*, Tausendblatt *(Myriophyllum)*, Wasserstern *(Callitriche)* und Nadelsimse *(Eleocharis)* einsetzen. Sie produzieren Sauerstoff und sind als Versteck- und Ruheplätze der Teichbewohner von Bedeutung.

Eine Erneuerung des trüben Teichwassers bringt keine Verbesserung, weil das

frische Leitungswasser seinerseits nicht weniger Nährstoffe enthält. Die Algen werden sich stärker als zuvor vermehren. Neu ist ein Naturprodukt (Aquatop), das die Wasserqualität verbessert und den Algenwuchs mindert.

Lassen sich Wasserlinsen reduzieren?

Die »Entengrütze« sind kleinste Blütenpflanzen und bestehen aus einem schwimmenden Pflanzenteil und meist kurzen Wurzeln. In stark gedüngtem, stehendem Wasser zeigen sie den hohen Stickstoffanteil an. Sie vermehren sich sehr schnell (zum Beispiel auf vielen Kanälen in Holland zu beobachten). Mit ihrem dichten Wuchs auf der Teichoberfläche verhindern sie, daß Licht in die unteren Schichten gelangt und reduzieren den Gasaustausch zwischen Wasser und Luft. Die Folge: Es bilden sich Faulgase, das Teichwasser »kippt um«. Mit einem Netz sollte die Entengrütze »ausgelichtet« werden. Auch Graskarpfen reduzieren die Wasserlinsen – wie auch Algen – dauerhaft.

Pflege im Herbst

Jedes Blatt umstehender Bäume und Sträucher und der Sumpfpflanzen, das ins Teichwasser gelangt, ist Biomasse. Nach und nach wächst auf dem Teichboden eine Mulchschicht. Im Laufe der Zeit wird daraus Schlamm, dem Faulgase entweichen. Dabei wird Sauerstoff aufgezehrt. Um diese Entwicklung zu ver-

langsamen, ist es ratsam, möglichst viel Laub mit Hilfe eines Netzes, das während des Laubfalles aufgespannt wird, gar nicht erst ins Wasser gelangen zu lassen. Da sich die Teichtiere im Herbst auf die Winterruhe vorbereiten, sollten extreme Wasserbewegungen vermieden werden. Fische sollten nur dann draußen überwintern, wenn der Teich tiefer als 80 cm ist.
Ist eine elektrische Umwälzpumpe als Wasserfilter oder als »Quelle« für den Bachlauf in Betrieb, sollte sie vor einem stärkeren Frost herausgenommen und in einem mit Wasser gefüllten Gefäß frostfrei gelagert werden. Wer Spaß daran hat, kann die Pumpe auch im Winter laufen lassen. Bei Temperaturen unter Null Grad entstehen aus dem gefrierenden Wasser interessante »Eisberge«. Dadurch verringert sich aber auch die Wassermenge im Teich. Man muß darauf achten, daß die Pumpe stets ausreichenden Wasservorrat hat. Wenn sie »trocken« läuft, ist sie im Nu defekt.
Je nach Höhe der modernden Schicht am Teichboden und der Wasserqualität muß ein Teich gereinigt werden. Das kann bereits nach drei Jahren notwendig sein, es kann aber auch mehr als zehn Jahre dauern, bis das Wasser zum Teil oder ganz abgesaugt werden muß und die Bodenschicht entfernt wird. Alle Pflanzen aus dem Teich können auf den Kompost gegeben werden.

Pflege im Winter

Ein Teich wird gern zum Schlittschuhlaufen genutzt, wenn sich eine tragende Eisschicht gebildet hat. Wenn aber Fische im Teich überwintern, sollte er nicht betreten werden. Fische reagieren auf Schall sehr empfindlich. Sie müssen mit Sauerstoff versorgt werden. Bei ausreichender Uferbepflanzung gelangt durch die Stengel der Pflanzen meist genügend Sauerstoff ins Wasser. Man kann auch ein frisches Strohbündel o. ä. senkrecht hineinstellen. In jedem Fall darf die Eisschicht die Teichoberfläche nicht völlig verschließen.

Gelegentlich werden Stechmücken befürchtet, werden Algen im Wasser und ein nächtliches Froschkonzert (und damit verbundener Ärger mit den Nachbarn) beklagt. Gegen Algenwuchs und Mücken läßt sich am einfachsten mit einer gemischten Auswahl von Sumpfpflanzen vorbeugen. So sind Stechmücken in keiner der hier vorgestellten Teichanlagen – trotz ihrer unterschiedlichen Bauweise und Bepflanzung – jemals lästig geworden. Schwieriger ist es, sich gegen Beschwerden der Nachbarn zu wehren, deren Nachtruhe durch unablässiges Quaken der Frösche empfindlich gestört wird. Der Lärm kann schon auf die Nerven gehen, aber er geht auch vorüber. Hier hilft meist nur Verständnis. Es erfordert ein erhöhtes Maß an Einsicht in die natürlichen Vorgänge des Ökosystems, wenn die männlichen Frösche im Frühsommer einige Wochen lang lautstark quaken. Und dieses Verstehen ist nicht selbstverständlich, wie mancher Gartenbesitzer leidvoll erfahren mußte. Doch trotzdem sollte sich niemand von seinem Vorhaben abbringen lassen, eine Sumpfwiese, einen Naturteich oder einen Bachlauf anzulegen, wenn es nur irgendwie möglich ist. Denn: Jeder von uns profitiert von einem Gartenteich. Mit Sicherheit die »Umwelt«, und wir sind ein Teil davon.

Anhang

Garten- und Landschaftsarchitekten, Architekten, Planer

Anderson / Schwartz Architects
180 Varick Street
New York, New York 10014, USA
Seiten 112, 113

Architekturbüro Landschaft + Garten
Jürgen Papenfuß, Jürgen Rösner
Ölmühle
42699 Solingen
Seiten 60–63, 80, 81, 149

Bambek + Bambek
Architektur + Design
Strümpfelbacher Straße 58 A
70327 Stuttgart
Seiten 64, 65

Stephan Becsei
Raimundstraße 7
60431 Frankfurt
Seite 127

Siegmund Behr
Garten- und Landschafts-architekt BDLA
Sattelhofweg 2 A
29227 Celle
Seiten 76, 77

Dick Beyers
Studio voor Tuinkunst
Konigin Wilhelmina Laan 18
NL-2012 JK Haarlem
Seite 9

Biotop Landschaftsgestaltung GmbH
Hauptstraße 285
A-3411 Weidling
Titelseite, Seiten 89–91, 102, 103

Bödeker, Boyer Wagenfeld & Partner
Landschaftsarchitekten BDLA
Bergische Landstraße 606
40629 Düsseldorf
Seiten 52–55

Jack Chandler & Associates
Landscape architects
PO Box 2180
Yountville, California 94599, USA
Seiten 5, 108–111, 114–117, 120 u., 121

Clifton Landscape & Design
5 a Clifton Villas, Little Venice
GB-London W9 2PH
Seite 135

Paul Deroose
Stationsstraat 166
B-8220 Jabbeke
Seite 129

Leo und Lydia Groenewegen
Hoker Stadtweg 1
NL-5835 CJ Beugen
Seiten 134 o., 151 u. l.

Grün plan
Planungsgruppe für Landschafts-planung und Gartenarchitektur
Oberstraße 13 A
30167 Hannover
Seiten 28, 29

Beate Hojda
Garten- und Landschafts-architektin
Neelandstieg 7
21147 Hamburg
Seiten 18, 19

Amy van Ierssel
De Rhulenhof
Kleefse Wej 14
NL-6595 NN Ottersum
Seite 8

Inspired by Nature
Auenstraße 78
80469 München
Seiten 68–71, 94, 95

Angelika Kern, Albin Gilma Seerosen Kern
Einödhofweg 20
A-8042 Graz
Seiten 92, 93, 100, 101, 104, 105

Planungsbüro für Land-schafts- und Gartengestaltung Horst Köhler
Auf dem Kamp 24
47800 Krefeld
Seiten 106, 107

Knut Lehrke
Garten- und Landschafts-architekt
Quellenweg 2
53639 Königswinter
Seiten 15–17

Wolf-Eckart Lüps
Architekt BDA
(mit Peter Mengele)
Waldaweg 2
86919 Utting
Seiten 40, 41

Michael Müller
(P. Harms & M. Müller, Garten- und Landschaftsbau)
Kiefernstraße 1
49565 Bramsche
Seiten 96–99

Wolfgang R. Mueller + Partner
Landschafts- und Garten-architekt BDLA
Siemensring 106
47877 Willich
Seiten 74, 75

Peter Neuberger
Landschaftsarchitekt BDLA
Senserbergstraße 21
82256 Fürstenfeldbruck
Seiten 78, 79

Wolfgang H. Niemeyer
Landschaftsarchitekt BDLA
Stöberlstraße 27
80687 München
Seiten 40, 41

Dr. Willem Overmars de Warande
Jan de Jagerlaan 2
NL-6998 AN Laag Keppel
Seite 149 u. l.

Corrie Poley-Bom und Joop Poley
Dorpsplein 25
NL-Nisse/Zeeland
Seite 2

Volker und Helgard Püschel
Freie Landschaftsarchitekten BDLA
Wollenhausweg 5
40822 Mettmann
Seiten 66–67

Rheims & Partner
Landschafts- und Garten-architekten BDLA
Uerdinger Straße 321
47800 Krefeld
Seiten 72, 73, 124, 125

Studio Renate Richi
Sydikum 3
38108 Braunschweig
Seiten 20–23

Roji Japanische Gärten
Reiner & Gesine Jochems
Alt-Moabit 49
10555 Berlin
Seiten 56–59

Klaus Rudloff
Dipl.-Ing. Architekt
Parallelstraße 12 A
22851 Norderstedt
Seiten 82, 83

Dr. Ivan Ruperti
Casa Maria
CH-6974 Aldesago-Lugano
Seiten 50, 51, 126

Spengler Wiescholek
Freie Architekten
Stauffenbergstraße 1
22587 Hamburg
Seiten 18, 19

Team Grün-Plan
Konrad Wittich und Partner
Fasanenweg 9
61273 Wehrheim
Seiten 84–87

Ulrich und Hannelore Timm Grünplanung
Papenhuder Straße 40
22087 Hamburg
Seiten 30–33, 123

S. E. van Weede
Huis Bingerden
Bingerdenseweg 21
NL-6986 CE Angerlo
Seite 137

Christian H. G. Wegener
Garten- und Landschafts-architekt BDLA
Quellental 12+15
22609 Hamburg
Seiten 36–39, 42–45, 120 m.

Henk Weijers Gardens BV
Lorentzplein 15
NL-2012 HG Haarlem
Seiten 34, 35, 46–49

Marcel Wolterinck B.V.
Naarderstraat 12
NL-1251 AW Laren
Seite 136

Literatur

Allison, James
Water in the Garden
London 1991

Baensch, Hans A.
Gartenteich-Atlas
Melle 1992

Bruns, Annelore, Susanne Hubert
Biogarten Praxisbuch
München 1987

Croutier, Alev Lytle
Wasser - Elixier des Lebens
München 1992

Durrer, Heinz
Wir beobachten am Weiher
Basel 1984

Hendel, Hubert
Wasser im Garten
Niedernhausen 1986

Ludwig, Herbert W.
Erlebnis Gartenteich
München 1992

Schimana, Walter, Cornelia Bott, Lisa Bott-Bächle
Der Kosmos Ideengeber Wassergärten
Stuttgart 1990

Swindells, Philip
Water Gardening
London 1994

Steinbach, Gunter (Hrsg.)
Werkbuch Naturschutz
Stuttgart 1988

Thielcke, Gerhard (Mitverf.)
Rettet die Frösche
Stuttgart 1983

Wachter, Karl
Der Wassergarten
Stuttgart 1993

WDR-Gartenbuch
Es grünt so grün
Köln 1994

Firmen und Hersteller

Aguaplan
Held GmbH
Postfach 24
75050 Gemmingen
(PE-Folien)

Dia-Teichbauelemente
H. Dieckmann
31275 Lehrte
Seite 28, 56

Edelkrebszucht
Theo Grabowski
Annabergstraße 2
86470 Thannhausen
Seite 153

Österreichische Aquatop
Karl Sailer
Untermühlham 15
A-4891 Pöndorf

Re-Natur GmbH
Charles-Roß-Weg 24
24601 Ruhwinkel
(Zentrale mit mehreren Filialen)
Teichfolien (auch für Swimming-teiche), Wasserpflanzen etc.

Vosschemie
Esinger Steinweg 50
25436 Uetersen
Seite 30 (Polyester)

CALLWEY

Die Bücher.

»Das reich bebilderte Buch gibt anschauliche Einblicke in Arbeitsmethoden und kreative Prozesse. Liest sich der erste Teil des Buches wie ein Roman, in dessen Welt der Leser mit allen Sinnen eintauchen kann, werden im letzten Teil ausführliche praktische Tips und Tricks zur Planung, zum Anpflanzen sowie zur Gartenpflege gegeben.«
WESTFÄLISCHE NACHRICHTEN

Mary Keen
Mein Gartenparadies
Von der Entstehung eines der schönsten Gärten Englands.
192 Seiten, 180 farbige Abbildungen und 110 Zeichnungen.
Gebunden mit Schutzumschlag

IDEEN FÜR SCHÖNERE GÄRTEN

Ethne Clarke
Beere, Blatt und Baum
Impressionen in Grün.
160 Seiten, 194 farbige Abbildungen und 69 Zeichnungen.
Gebunden mit Schutzumschlag.

Pflanzen, wie Sie sie noch nie gesehen haben! Ethne Clarke regt dazu an, im Garten nicht nur nach den Blüten Ausschau zu halten. Atemberaubende, exklusiv für diesen Band aufgenommene Fotografien stellen Gartenfreunden bisher ungeahnte Möglichkeiten vor, ihren Garten zu verwandeln und mit Pflanzen, Blattformen und Farbvielfalt zu experimentieren.

Dieser prächtig bebilderte Farbband präsentiert Anregungen und Beispiele von Terrassen aus aller Welt. Sie zeigen, wie die Anforderungen, die an den Treffpunkt für Freunde und Familie gestellt werden, umgesetzt werden können. Wichtige Details wie die Wahl des Bodenbelages und die Auswahl der Pflanzen werden ebenfalls behandelt. Viele aktuelle Beispiele machen den Band zu einem echten Lesevergnügen.

Ulrich Timm
Terrassen und Sitzplätze
160 Seiten mit 120 Abbildungen, 30 Zeichnungen und 40 Pläne.
Gebunden mit Schutzumschlag.

CALLWEY VERLAG
MÜNCHEN

Bildnachweis

Umschlag	Gary Rogers
1	Peter Munster
2	Gary Rogers
4, 5	Gary Rogers
6	Jürgen Becker
7	Gary Rogers
8–11	Jürgen Becker
12, 13	Gary Rogers
15–17	Gary Rogers
18, 19	Horst Thanhäuser
20–23	Gary Rogers
25–27	Marion Nickig
28, 29	Archiv Grün plan
30–33	Gary Rogers
34	Peter Munster
35	Gary Rogers
37–39	Wolfram Stehling
40, 41	Archiv Wolfgang Niemeyer
42, 43, 45	Wolfram Stehling
46–49	H. Weijers Garden
50, 51	Gary Rogers
52, 53	Hajo Willig
54, 55	Jürgen Becker
56–59	Archiv Roji
61–63	Gary Rogers
64, 65	Archiv Bambek+Bambek/ R. Schenkirz
66, 67	Jürgen Becker
68–71	Sammy Hart
72, 73	Archiv Rheims & Partner
74, 75	Jürgen Becker
76, 77	Gary Rogers
78, 79	Birgit Amend/Burda Syndication
80, 81	Marion Nickig
82, 83	Dieter Steffen
85,86 (o., m.)	Konrad Wittich
86 (u.), 87	Lars Kraume
89–91	Archiv Biotop Landschaftsgest.
92, 93	Peter Munster
94, 95	Archiv Inspired by Nature
97	Peter Munster
98, 99	Felix Borkenau
100	Peter Munster
101	Archiv Seerosen Kern
103	Archiv Biotop Landschaftsgest.
105 o.	Peter Munster
105 u.	Archiv Seerosen Kern
107	Archiv Planungsbüro H. Köhler, W. zur Hausen
109–113	Gary Rogers
114–117	Andrew McKinney
118	Gary Rogers
119	Daniel u. Emmanuelle Minassian
120 o., m.	Gary Rogers
120 u.	Jennifer Chandler
121	Andrew McKinney
123	Peter Munster
124, 125	Carola Kohler/Archiv Rheims & Partner
126	Gary Rogers
127	Jens Willebrand/ Schöner Wohnen
128	Gary Rogers
129	Jürgen Becker
130	Gary Rogers
131	Peter Munster
132	Jürgen Becker
133	Gary Rogers
134 o.	Marion Nickig
134 m.	Peter Munster
134 u.	Horst Thanhäuser/ Häuser
135	Gary Rogers
136	Peter Munster
137	Jürgen Becker
148, 149	Jürgen Becker
150	Peter Munster (5) Gary Rogers (1)
151	Gary Rogers (1), Peter Munster (4), Marion Nickig (1)
152	Peter Munster
153 o.	Gary Rogers
153 u.	Michael Müller
154	Jürgen Becker
155, 156	Gary Rogers
158, 159	Gary Rogers

Dank

Allen Architekturbüros und ihren Mitarbeitern, den Bauherren, Firmen und Fotografen sei an dieser Stelle noch einmal ganz herzlich für ihr freudiges Engagement gedankt. Insbesondere dem angehenden Architekten Markus Lampe, der alle Lagepläne in eine einheitliche grafische Form gebracht hat, und Bärbel Bratge für die Schnittzeichnungen. Ohne die großzügige Mitarbeit aller Beteiligten hätte dieses Buch nicht entstehen können.
Textredaktion: Hans-Joachim Györffy

Impressum

© 1995 Verlag Georg D. W. Callwey GmbH & Co.
Streitfeldstraße 35, 81673 München
Printed in Germany
Das Werk einschließlich aller seiner Teile ist urheberrechtlich geschützt. Jede Verwertung außerhalb der engen Grenzen des Urheberrechtsgesetzes ist ohne Zustimmung des Verlages unzulässig und strafbar. Das gilt insbesondere für Vervielfältigungen, Übersetzungen, Mikroverfilmungen und die Einspeicherung und Verarbeitung in elektronischen Systemen.

Schutzumschlaggestaltung: Baur + Belli Design, München
Satz: Filmsatz Schröter, München
Litho: Karl Findl, Icking bei München
Druck und Bindung: Druckerei Kösel, Kempten

Die Deutsche Bibliothek – CIP-Einheitsaufnahme
Die Neuen Teiche, Bäche, Pools
Ulrich Timm. – München : Callwey, 1998
ISBN 3-7667-1153-9
NE: Timm, Ulrich